见识城邦

更新知识地图　拓展认知边界

末日总在咫尺间

从青铜时代的崩溃到核浩劫

[美] 丹·卡林／著　林华／译

Dan Carlin

THE END IS ALWAYS NEAR

Apocalyptic Moments, from the Bronze Age Collapse to Nuclear Near Misses

中信出版集团 | 北京

图书在版编目（CIP）数据

末日总在咫尺间：从青铜时代的崩溃到核浩劫 /
（美）丹·卡林著；林华译．-- 北京：中信出版社，
2020.8
书名原文：The End Is Always Near
ISBN 978-7-5217-1628-3

Ⅰ．①末… Ⅱ．①丹… ②林… Ⅲ．①世界史－研究
Ⅳ．① K107

中国版本图书馆 CIP 数据核字（2020）第 035857 号

末日总在咫尺间——从青铜时代的崩溃到核浩劫

著　　者：[美] 丹·卡林
译　　者：林华
出版发行：中信出版集团股份有限公司
（北京市朝阳区惠新东街甲 4 号富盛大厦 2 座　邮编　100029）
承 印 者：北京盛通印刷股份有限公司

开　　本：880mm × 1230mm　1/32　　印　　张：8.75　　字　　数：170 千字
版　　次：2020 年 8 月第 1 版　　印　　次：2020 年 8 月第 1 次印刷
京权图字：01-2020-0064
书　　号：ISBN 978-7-5217-1628-3
定　　价：68.00 元

献给布列塔尼、利夫和艾弗里

目 录

前 言

你觉得有朝一日现代文明会坍塌，我们的城市将成为一片废墟吗？

将来有一天，考古学家会在纽约、伦敦或东京的摩天大楼、地铁或下水道的锈蚀残迹周围找来找去；把死人从坟墓里挖出来研究，正如我们今天研究古埃及的木乃伊一样；力图搞懂我们的语言，解开我们文字的密码，并弄清楚我们是谁。这听起来像是科幻小说的常见主题。似乎难以想象，有朝一日，后人会和我们今天进行考古研究一样，仔细研究我们的坟墓、建筑物和人体遗骸。不过，恐怕今天被挖掘出来的木乃伊生前也想象不到他如今的遭遇。

当然，这种问题是无法解答的。本书提出的许多问题都属于这一类。也许这正是它们令人深感兴趣的部分原因所在。

如果只是简单地根据过去的事实推断未来的发展，得出的结果很可能几近怪异。以为历史上多次发生的事情会在现代重演，那就进入了科幻小说的范畴。实际历史与无法证实、凭空猜测的幻想之间只隔着薄薄的一层膜。一边是由有历史记载的人名和日期组成的有事实依据的年表，一边是对于未来“若是那样该如何”和各种可能发生的事情的想象；我们生活的当下就是这两者的交会点。设想21世纪的世界会暴发过去那种大规模流行病是想象，但这种事极有可能发生，而且在历史上也多次发生过。真实的过去同想象的未来之间有着怎样的联系呢？

我听说，写书通常应该答疑解惑，至少应该提出论点。这样的话，本书就算不上通常意义上的书，而是更接近集锦，收集了彼此有松散联系的花絮。我不提出论点，这也是我们播客的风格。我采取的是非专家的角度，因为我不是专家。关于本书审视的各种问题，历年历代的历史学家、政治学家、地理学家、物理学家、社会学家、哲学家、作家和其他知识分子都发表过宏论，他们各人都有自己的方法，也都是透过自己的时代、专业和文化的镜头来观察事物的。

现代的一位地理学家可能会根据地球历史上发生过的事件来推断一个文明将要“陨落”，一位物理学家可能会使用数学方法来确定一颗小行星撞到地球而导致黑暗时代的概率有多大，但一个讲故事的人或记者则会从人的角度出发看问题。[1]一个文明在崩溃的时候都发生了哪些涉及人的故事？也许某个人居住的城市被空袭摧毁？也许瘟疫破坏了维系社会的纽带？透过这样的镜头看世界会刺激大脑的不同部分，包括感情，其产生的影响经常是数据、图表和研究报告反映不了的。它可以算是由众多试图重建往昔的学科所组成的巨大马赛克中的一块瓷砖。

艰难时世会使人更坚强吗？我们养育孩子的方式会影响整个社会吗？我们能操纵威力强大的武器而不致毁掉自己吗？人的能力、知识和技术会退步吗？这些想法有点儿阴阳魔界*的味道，外加似乎与当今时代息息相关的微妙（有时也没那么微妙）的弦外之音。它们超越现代学术科目的界限，进入了通常属于文学和艺术的范畴。

这类问题没有普遍一致的答案，但仍然非常有趣，还可能很有价值。俗话说的许多“深刻问题”，历来是哲学著作论述的中心。光是对它们多想一想也许就有好处。别的问题可能有实际意义。例如，它们提醒所有人注意，类似事件过去曾发生过不止一次，这会使我们更加相信，许多事情目前看似匪夷所思，像电影情节，将来却真的有可能发生。一位历史学教授告诉过我，有两种学习办法：或者自己把手按在火热的炉子上，或者听过来人讲一讲他们这样做的后果。

《硬派历史》†的粉丝一直要求我出书。我手头有大量的材料、研究报告和存档的论点主张，根据它们写本书似乎顺理成

---

* Twilight Zone，指同名电影。——译者注（下同，不再标注）

† *Hardcore History*，本书作者主讲的播客。

章。重温并整理这些材料和主张成了对我本人的一次罗夏测验*。从我为制作这个播客节目所做的大量阅读和研究中能够肯定地判断出，我对这个题目深感兴趣。

如果一个人书架上摆的书籍能够显示他的兴趣所在，那么我显然对世界末日的启示比较感兴趣，但有点儿意外的是，我的播客经常会转而讨论其他相关问题：文明终结可能采取何种形式？我们根据过去的经验对于文明终结将如何反应或回应？在此过程中我们可能会成为什么样的人？

这不是很自然吗？帝国兴衰、战争、灾难、重大局势——"大事件"——本质上就是紧张刺激的，充满戏剧性。[2]在具有（潜在的）哲学性、教育性和实用性的材料里加入娱乐性元素使其受人欢迎，屡试不爽。从荷马和希罗多德到爱德华·吉本和威尔·杜兰特，历史学家和讲故事的人早就认识到了这一点，所以荷马在他的著名史诗《伊利亚特》中叙述"历史"的同时，还浓墨重彩地描写埃阿斯和阿喀琉斯是如何挥舞长矛杀出一条血路的。也是出于这个原因，莎士比亚的许多剧作都是以历史为素材的。

但是，这不全是为了吸引、取悦受众。人经常会受到历史事件的触动，感同身受、自我反思。历史事件发生在有血有肉的人身上，那些人身不由己，紧紧地被绑在历史的齿轮上。人们一般都禁不住猜想，自己若处在类似境地会如何应对。

* Rorschach test，用于测查认知、想象力和人格的投射测验。

我埋头研究历史档案时，经常注意到一个重复出现却无法回答的“是或否”的历史问题。事件会一如既往不断重演吗？还是不会？在某些情况中，这个问题严肃、可怕到令人难以置信的程度。本书就讨论了一些此类案例。

还会发生短时间内造成大量人口死亡的大瘟疫吗？不久前，瘟疫还是人类正常生活的一部分，今天却几乎像科幻小说一样不可思议。

大国之间经常爆发大战。下一次大国间战争将在核武器国家之间展开。第三次世界大战听起来像一个糟糕的电影概念，但难道它比大国间永久和平更不可能发生吗？

最后，如前所问，你能否想象你目前居住的城市沦为一片废墟？它有朝一日会步大多数以往城市的后尘吗？还是不会？无论会或不会，对答案的探索都令人欲罢不能。

虽然本书的许多内容令人心情沉重，但是了解历史能够使我们更加积极地看待自身处境。例如，如果你听到，过去的人在他们的城市遭到地毯式轰炸时如何挣扎求生，或者如何熬过中世纪可怕的瘟疫，那么你自己的困难相比之下似乎就微不足道了。光是现代之前的牙医治疗方法就足以令我坚信，无论如何，现在的日子好过多了。

然而，尽管历史不同时期的人各有差异，但是，如芭芭拉·塔奇曼*所写，有些事件和时代像是我们自己在远远的镜子

---

* Barbara Tuchman，历史作家，曾两次获得普利策奖。

里面的映象。对于某个事件，一般人都会想自己若是碰上会如何应对。我祖父很喜欢这样一句话："若不是上帝慈悲，那就是我的下场。"由于冥冥中的某个偶然，我们生在了我们出生的时间和地点。但我们完全可能出生在别的时间、别的地点。我发现，记住这一点使人比较容易产生历史同情与同感。

当今时代似乎相当稳定，但这不能保证现今的情况不会骤然生变。本书所举的事例以戏剧性的方式突出了历史上发生的几次巨变。也许大家听到下面这句话，会觉得我活像个潦倒的诺查丹玛斯*，前胸后背挂着两块板，上面大书"末日将至"，但我还是要说：青铜时代崩溃的现代版完全可能发生。世界唯一的超级大国也许会像古亚述帝国一样，出人意料地土崩瓦解，造成巨大的地缘政治真空。现代版的罗马可能会像古罗马帝国一样分崩离析。很可能暴发流行病，如果足够凶猛，也许会使我们重历人类在现代医学出现之前的生活。还可能爆发核战争，或者是环境灾难。也许，在未来的书籍中，我们的处境会被描述为人类极端经历的例证，或者是必须力避的反面教材。

毕竟，傲慢自大是自古以来人类的一个典型特征。我爸爸说过："别自以为是。"

---

* Nostradamus，16世纪法国医学家、占星学家、预言家，著有预言集《世纪连绵》。

1

艰难时世会造就坚强的人吗？

自有书面历史以来，就有史学家提出，艰难时世能造就更优秀、更坚强的人，人通过克服种种障碍——无论是战争、贫穷，还是其他困苦——会变得更强大、更坚忍，甚至可能更具美德。

据传伏尔泰说过："历史充满了丝拖鞋下楼和木头鞋上楼的声音。"此言反映了这样一个观点：民族之运、文明之运、社会之运的兴衰靠的是人民的特性，而人民的特性又深受社会的物质与道德条件的影响。从古希腊时代起，这个思想就是历史著述的主题，直到20世纪中期之后才逐渐式微。[1]

今天，木头鞋-丝拖鞋的概念基本上被现代史学家摒弃。原因多种多样，也都很有道理，首先是因为缺乏数据。对于坚强或坚忍这种关于素质的模糊缥缈的概念，要予以证实或量化，[2]并提出理由证明应将其纳入以事实为根据、需经同行评议的学术性历史著作当中，实在很难。但这并不意味着这个概念完全没有影响。

咱们来做个小小的智力练习：设想两个拳击手一起踏入拳击场。他们的身高、体重和技能水平都一样，受的训练也一样，甚至共用同一位教练。于是，一切可能的变量都被排除。那么，什么是最有可能决定拳击比赛中谁能胜出的因素呢？是我们所谓的“坚强”这个难以量化的概念吗？很难说胜出的拳击手是因为“更坚强”才赢的。先要想一想，我们为什么一般都认为更坚强就更好？坚强是个模糊的概念。大家都认为有这回事，大家都使用“坚强”这个形容词，但是，这个词是相对的，一个人或一种文化对坚强含义的理解与另一个人或另一种文化的理解可能是不同的。[3]

现在，让我们把两个拳击手对抗的情景放在一边，想象一下全社会投入的大规模对抗。例如，假设今天的美国和另一个在国土面积、人口数量、经济产出、军事实力、武器装备和技术能力各方面都与它一模一样的国家兵戎相见。这场战争十分残酷，双方都决意战至对方无条件投降，双方的城市都沦为废墟瓦砾。两国之间的唯一分别是：那个同我们一模一样的虚构国家的国民，也就是和我们作战的那些人，是我们的祖父那一辈。

出生于1900年到1930年之间的人如今大多已经去世，他们那个年龄组通常被称为“最伟大的世代”。[4]其实，历史上艰难时世和坚强的人民比比皆是，单挑出一代人来冠以“最伟大”的名号好像有点儿说不通。尽管如此，按照我们的标准，“最伟大的世代”的确非常剽悍坚强。这是有原因的。那一代的男男女女在投入第二次世界大战的战斗之前，就已经经历了十多年的极端经济困苦，其严重程度为现代世界史之最。

1929年的股票市场崩盘开启了长达10年以上的经济萧条。当时，在赫伯特·胡佛总统手下担任财政部长的安德鲁·梅隆（Andrew Mellon）把即将到来的苦日子视为好事。“它会把制度内腐朽的东西清洗干净。”根据胡佛的回忆录，梅隆是这样说的。“生活的高成本会下降。人们会更努力地工作，更守道德地生活。价值观将发生调整，勤劳的人会接手无能之辈留下的烂摊子。”

对梅隆来说，他算是如愿以偿了。“咆哮的二十年代”（Roaring Twenties）的标志是穷奢极侈的生活、非法酒吧、爵士乐、时髦女郎、查尔斯顿舞，还有电影的问世；大萧条一到，这一切戛然而止。梅隆眼中的浪费和轻浮对其他人来说不过是好玩享受而已。一旦没了钱，可就一点儿也不好玩了。

经济崩溃到来后，不是所有人都一贫如洗，但美国的一半人口一下子掉到了贫困线之下。苦日子一过就是10年。关于那个时代的记述令人心碎，难以想象它能有什么好处。现代世界中肯定没有几个人会为了大萧条潜在的积极副作用而自愿经历那么严重的经济灾难。

第二次世界大战爆发时，整整一代人已经备受匮乏之苦。现在，他们又遇上了人类历史上最残酷的战争。“二战”极为惨烈，与21世纪的冲突截然不同。今天，一个一流大国也许会由于一次事件而伤亡几十个人——可能是因为直升机出了机械故障，也可能是因为简易爆炸装置突然爆炸。相比之下，美国在第二次世界大战中的伤亡人数高达数十万。仅举一例，硫黄岛战役耗时36天，其间近7000美军将士阵亡，总伤亡人数至少2.6万。这还只是美方的伤亡，想想看德国数百万人的伤亡，或中国和苏联的几千万人的伤亡。如果今天死这么多人，不知我们将做何反应。

战争不只是承受破坏，还要造成破坏。也许我们能够承受破坏，但正如美国的乔治·巴顿将军指出的，那不是打败敌人的办法。[5]想一想美国空军执行的那些轰炸任务——1000架飞机各载着数吨炸弹飞往要轰炸的城市，一夜之间就可能炸死1万或1.5万人。或者想一想德军闪电战打击的目标伦敦，当时，连续8个多月的时间内，德国轰炸机几乎每天夜里都对伦敦实施狂轰滥炸。“最伟大的世代”已然面对自己头上如黑云压顶的飞机，也下达了打开飞机投弹舱口的命令。

接着来了终极武器——核炸弹。历史显示，我们的祖父辈可以，也的确使用了这种武器。[6]目前，有没有哪种情形使各国社会的公民（而不是政府）认为动用核武器是可以接受的呢？

我们今天的文明程度似乎不允许干出如此野蛮的事来。但话说回来，我们没有经历过第二次世界大战那一代人经历的事情。假设可以用从1到10的尺度来衡量一代人的坚强性，“最伟大的世代”可能会达到7；如果一个房间里有10个人出生于1900年到1930年，也许他们中间的7个人能达到“坚强”的标准。X世代*也有坚强的人——有的加入了海军的海豹突击队†，还有一些人徒步穿越了南极洲——但是，也许X世代的10个人中只有2个足够坚强，能做这样的事。所以，一个公认坚韧不拔的世代中不是每个人都坚强，而是坚强的人所占比例较大。这是在概念上评判一个社会是否坚强的办法，但它同时也突出表明，试图把坚强这种东西量化是多么奇怪。

在古人强调道德说教的历史中，“艰难时世造就坚强的人”这句话反过来同样适用。舒适的日子造就软弱的人。例如，普鲁塔克和李维都认为，造成懒惰、怯懦和缺乏美德的原因是太多的闲适、奢侈和金钱。一个社会中软弱的人多，就意味着整个社会都是软弱的。如果公民必须披甲挥剑保卫国家，和敌人近身肉搏，那么软弱的社会就可能不利于国家安全。当今时代，过去意义上的坚强也许不像以前那么重要。若是如此，一个“软弱”的社会相对于一个坚强的社会有什么优势吗？

20世纪伟大的历史学家威尔·杜兰特撰著论述过古代居住在现在的伊朗的米底人（Medes）。他当时[7]写到，一般认为米底人比较贫穷，以放牧为生，他们团结起来，推翻了亚述帝国

* 专指1965—1980年间出生的人。
† 美军的三栖突击队。

的统治，然后凭借自身实力成为强国。[8]然而，根据杜兰特的著述，不久后，“这个民族忘记了自己严格的道德标准和朴素的生活方式。财富来得太突然，他们被其冲昏了头脑。上层阶级成了时尚和奢侈品的奴隶，男人身穿绣花长裤，女人则浓妆艳抹、珠光宝气”。

绣花长裤和耳环本身不是米底人倒台的原因，但对杜兰特和与他同时期的许多历史学家来说，它们是米底社会腐败变质的外部表现，说明米底人正在失去那些经过艰难时代的磨炼、使他们坚强到足以成功建立帝国的品质。[9]

20世纪中期的历史学家切斯特·斯塔尔（Chester G. Starr）撰写过论述斯巴达的著作；在古代世界中，那是个集中全力打造最优秀战士的社会。斯巴达的武士把伯罗奔尼撒半岛上这个以务农为生的希腊城邦推上了远超其人口规模和经济产出的崇高地位。但是，斯巴达倾注了全社会和全文化之力来支撑并加强军队以及发展作战技能。每个男性公民都要接受作战技能的训练，直到60岁之前，随时可能应征入伍。

公民受训成为民兵是许多社会的普遍做法，在古希腊尤其如此，不过，斯巴达将这种做法推到了极致。在斯巴达，它成了对人民的塑造过程，自一个人出生之时就开始启动：斯巴达的新生儿被视为军队的原材料，所以婴儿要经过长老委员会的评判，由长老们判定他是否健康，是否应该活下去。斯塔尔写道：“任何看上去有缺陷的婴儿都被扔下泰格图斯山（Mt. Taygetus）的悬崖，摔死在下面嶙峋的岩石上。”[10]

被认为值得活下去的婴儿按照“斯巴达人让婴儿适应艰苦和户外生活的习惯”来抚养。孩子们7岁就要离家去训练营受训。年轻的斯巴达人和伙伴们一起在集体军事食堂吃饭，从来享受不到家的舒适。有意不给他们吃饱，以此来鼓励他们动脑筋偷窃食物，但如果他们被抓获，将受到严惩。这些斯巴达孩子长大后之所以成为希腊最优秀的武士，正是因为他们的整个文化将他们塑造成了这个样子。据说斯巴达人在其鼎盛时期[11]甚至不用货币，因为他们觉得金钱会腐蚀他们正直的道德观和武士价值观。[12]

根据传统的说法，后来，斯巴达人慢慢地像斯塔尔写的那样，变得“喜欢奢侈，不再能抗拒腐败”，这侵蚀了他们的坚强素质和军事优势，最终导致了他们在战场上的失败。公元前380年的斯巴达人也许打不过他们生活在公元前480年的非常强悍的祖父辈，而公元前280年的斯巴达人则肯定打不过他们自己的祖父辈。[13]有时，这被归咎于可恨的波斯人的有意破坏。波斯的几位“大帝”在战场上无法打败斯巴达人，却发现黄金是更加有效的制胜之道。根据古籍记载，随着时间的推移，斯巴达人，特别是斯巴达的国王，变得更加注重物质和金钱，远甚于过去更“斯巴达式”的斯巴达人。古希腊人经常说波斯人“软弱”，似乎这些波斯人把“软弱”像病毒一样传播开去，把双方的坚强性拉到了同一水平。[14]

除“坚强”以外，还有其他解释斯巴达兴衰的因素，如更好的训练和培养，但完全无视坚强的作用是说不过去的。

战争和贫穷并非普世经历。受它们影响的人也许会变得更加坚强，但并非所有人都有此遭遇。有些人比较幸运，躲过了战斗和经济匮乏。但每个人都会生病。

疾病高发可能会使人更加坚强，此言听来似乎是奇谈怪论，但是如果在一个社会中，致命的传染病经常发生，造成大批死亡，就可能造成今天我们大部分人都不具备的坚忍顽强。如果一对夫妇的好几个孩子都死于疾病，但他们依旧咬牙继续把日子过下去，我们会觉得他们非常坚强有毅力。当前，世界上仍然有人要忍受疾病造成的丧子之痛。在我们看来，哪怕是一个孩子死去都是生活的一个巨大悲剧。然而，直到不久前，人类历史上这种惨事仍屡见不鲜。现代之前，被疾病夺去多个孩子生命的人多得令人震惊。我们不禁要猜想这对个人及其所属的社会有何影响。写作《罗马帝国衰亡史》的历史学家爱德华·吉本共有6个兄弟姐妹，全都在婴儿时期死去。即使在18世纪早期，这个死亡率也相当高。不过，小孩活不到成年的惨事常有发生，非常普遍。然而，若只聚焦疾病对孩子的影响，就忽视了疾病高发对社会产生的更广泛影响。一场真正严重的传染病可能造成所有人的死亡。

就疾病而言，现代世界与以前任何历史时期相比都判若霄壤。[15]的确，发展中世界有些地方自中世纪以来几无变化，仍然疾病横行，但是总的来说，技术先进的现代社会几乎无法想象疾病自人类起源至仅仅一代人之前对人类生活的影响。想一想历史上多少次瘟疫来袭后十室九空、死人无数，怎不令人心惊?!当时的人对疫情的叙述读起来像是可怕至极的科幻小说。如果现代社会发生一场瘟疫，致使全球1/4的人口死于非命，在这种情况下还说瘟疫有积极的副作用，能使我们更加坚强，恐怕就太过分了。

在某种意义上，疾病的确使我们更加坚强，因为得过病的人通常会获得免疫力。这是确凿的科学。但是，多次因疾病失去亲人的人能变得更坚强、更有韧性吗？一个社会中如果有大批这种人，是不是整个社会就更坚强呢？这些问题所涉及的东西属于灰色领域，我们本能地觉得它们可能重要，却没法衡量或证明。很明显，历史上有些时期，只有强者才得以生存，所以最好做个强者。但也可以争论说，坚强作为生存的条件不再像过去那样重要。

将此与木头鞋-丝拖鞋上下楼梯联系起来，也许可以说时机是个重要因素。如果艰难时世需要坚强的人，那时世一旦不再艰难又将如何呢？另外，丝拖鞋的阶段也有些潜在的好处。

20世纪早期的军事历史学家汉斯·德尔布吕克（Hans Delbrück）[16]提出了一个理论，说现代军队的一切特点——组织、战术、训练、后勤和领导——都是为了帮助抵消文明程度较低的强悍民族的天然优势。关于在文明程度更高的罗马人手中屡战屡败的古日耳曼人，德尔布吕克写道："与文明人相比，野蛮人的优势在于他们保留了充分的动物本能，生性剽悍、强硬好战。文明改善了人，增加了他的敏感，同时降低了他的军事价值，减少的不仅是体力，还有勇气。这些自然的缺点必须以某些人为方式来弥补……常备军的主要任务中有一条，那就是通过纪律来使文明人能够顶住不文明的敌人的进攻。”[17]

按照德尔布吕克的想法，希腊城邦当初把农夫（农夫一般比城邦境外的野蛮人更加平和）组织起来，就是为了通过训练和纪律来建立优秀的军队，好抵御那些被艰苦环境磨炼得更加凶狠或更加善战的人。[18]德尔布吕克写道：“如果一群罗马公民或农夫与人数相同的一群野蛮人对打，罗马人一定会败，甚至可能不战而逃。罗马人只有组成密集的步兵队形方能敌得过野蛮人。”

一个看似软弱的社会利用先进的技术、优越的组织能力和丰厚的财力来对付另一个也许是更坚强、更勇敢的社会；这种情况在各个历史阶段都屡见不鲜。当今世界，阿富汗人也许是地球上最强悍的民族之一，但西方的军事力量就像刚才讲到的罗马人，抵消了阿富汗人和其社会的顽强坚忍。然而，如果西方军队被迫使用阿富汗人的武器，如AK-47式步枪、榴弹炮和简易爆炸装置，而阿富汗人则使用我们的无人机、战斗机和巡航导弹，那么我们的坚强能否抵御他们的强大力量就变得至关重要了。别忘了，阿富汗人已经同各种敌人打了40年的仗。可以说，在坚强方面，他们可能比我们更像我们的祖父那一辈。

现在的武器和技术十分先进，美国堪萨斯州的战士可以坐在有空调制冷的房间里和远在阿富汗的敌人作战；这位虚拟飞行员的技能很可能在他小时候玩电子游戏时就得到了培养，正如两个世纪前的日本青年练习击剑，为以后参加剑道比赛做准备。今天，杀人者当中许多人从未近距离见过被他们打死的敌人，他们的训练不是练习使用作战武器，而是操纵无人机射击崇山峻岭中强悍的部落战士。[19] 现代军队如同德尔布吕克笔下的罗马人，找到了弥补自身不够坚强这个缺陷的办法。[20] 但是，坚强可能仍然会在决定战争的胜败中起到一定作用。它也许是关键的因素，决定着哪一个交战方愿意无限期地继续忍受人员和金钱的损失。[21] 不过，假使如此，历史学家又如何能够在需经同行评议的论文中确定无疑地证明这一点呢？

2

受苦的孩子

研究历史恰似去一个遥远的星球旅行，只不过那个星球上有人居住。那里的人和我们生理上相同，但文化迥异。一个重要原因是他们成长的经历不同。

父母以及养育孩子的重要性几乎世人皆知。它与坚强一样，是人性的一个方面。我们本能地明白，它对于孩子以后成为什么样的人意义重大，但很难评估它对于过去的人，或对于整个人类历史的影响。不过，如果说父母养育孩子的方式对历史没有影响，似乎也说不过去。他们带孩子的方法要是全错了呢？

当然，“错”这个概念是由文化决定的。关于什么是养育后代的最好方法，每个时代、每个文化都有自己的观念。但是，尽管任何地方、任何时代的父母一般都尽力为孩子好，可是过去他们所了解的许多信息都是荒谬错误的。由于无知，他们也许自以为是为孩子好，其实却害了孩子。如今，对健康和科学的理解更深，养育孩子的信息广为传播，所以这一代父母也许是最有知识的。儿童早期发展特别得到重视。儿时营养不良、孕妇酗酒吸毒对胎儿的损害、个人卫生差、虐待儿童、糟糕的育儿方法——这些因素产生的恶果尽人皆知。父母如果被认为不称职，或虐待孩子，或达不到社会的最低标准，通常会失去对子女的监护权。情节严重的还可能坐牢。

无疑，这些措施自实施以来大大改善了现代社会中孩子的成长环境。对孩子个人来说，好处大得不可估量。但是，确定每个孩子的获益在社会层面上产生的总体效果却极为困难。显然，影响一定很大，但几乎不可能确切知道影响是如何产生的以及大到什么程度。育儿文化的巨大改善是否创造了更美好的社会？反之，过去儿童的糟糕处境对社会有多大影响？

有一些关于这个题目的理论看起来似乎牵强附会，但它们的确促使我们去思考一些研究历史时通常会忽略的问题，因为我们一般都把重点放在过去的人物、日期和事件上面。例如，可以说教养孩子的方法会影响一国的外交政策吗？如果觉得这不可能，不妨设想一下世界上一半的成人小时候受过虐待，然后再想想这可能产生的许多无法预见的奇怪后果。这个问题太值得研究了。

在研究育儿方法潜在的历史意义方面，劳埃德·德莫斯

（Lloyd deMause）是先驱之一。[1] 德莫斯专攻的心理历史学是一门具有争议性的学科，研究重点包括育儿方法及其对历史发展可能产生的影响。他对过去的父母评价很低。他在《各国情感生活》（*The Emotional Life of Nations*）一书中写道："直到不久以前，父母对他们的新生儿又怕又恨，被他们杀死的新生儿数以十亿计。父母经常把婴儿扔给极不负责任的乳母，因害怕自己对付不了婴儿而把襁褓裹得紧紧的使其动弹不得，让孩子忍饥挨饿，弄残孩子的肢体，强奸孩子，对孩子漠不关心，还痛打孩子。现代之前的历史资料表明，那时的父母放到今天全都会因虐待儿童而坐牢。"

德莫斯和其他心理历史学家研究往昔社会使用的方法与今天心理学家和精神病学家研究个人的方法一样。他们试图确定，儿童早期的成长发展和其对儿童的影响是否会影响他们长大后组成的社会。[2] 德莫斯相信，直到不久前，大部分儿童按现代标准都算得上受虐者。他和与他意见相同的人认为，这可能帮助解释了中世纪那样的历史时期为何如此野蛮。[3]

然而，人类文化多种多样，如此一刀切的说法似有以偏概全之嫌。这种理论也许适用于复杂的城市社会，但许多前现代社会和部落社会抚养孩子的悠久传统也包括父母和大家庭的爱护和养育。不过，在这种社会中，孩子经常要从事我们今天认为会造成永久性伤害的行为和活动。其实，这类活动不过是另一个时代日常生活的一部分。例如，几千年前的孩子可能对暴力司空见惯，暴力对他 / 她的负面影响与对现代孩子的影响相比也许小得多，甚至不存在。在他们的世界中，暴力也许就是生活的一部分。

这场讨论有一个重要变量，那就是，过去的文化是否可以说在某种程度上保护了儿童，使之不致受到我们今天所谓的因虐待、忽视或情感与心理创伤造成的伤害。有些人认为，如果一种行为在我们现代人看来严重出格，但过去被视为好事，被当时的文化所接受，那么这种行为在当时所造成的后果就没有那么大的破坏性。这好比根据历史情况来决定虐待儿童或育儿不当的严重程度，但是，如果有些事情在过去比今天更加为社会所接受，不像今天这样受到唾弃，它们造成的伤害能因此而减少吗？有人会说，无论什么社会、哪个时代，伤害都是一样的；别的人则会说，伤害的大小受文化的影响。过去的人要么是不管孩提时期经历如何、不管被父母如何带大，基本上都长成了适应良好的正常人；要么是如德莫斯所说，几乎无一不是我们今天所谓的受虐儿童，他们的社会也是由儿时受虐的人创立、运行和领导的。

要想知道过去的孩子日子有多难过，最容易的办法是设想一下，如果我们今天解除对虐待和忽视儿童的禁令，不再调查此类案件，不再执行相关法律，那我们自己的社会将变成什么样子。现代社会对保护儿童如此重视，做出各种努力，世界各地尚且仍然存在儿童被虐待、被欺凌、被忽视的情况。若是没有相关的规则和执法，几乎可以肯定，儿童受到的虐待要严重得多。想想看，如果一个社会实际鼓励这种行为，情况会多么糟糕。[4]

从人类起源到不久前，殴打一直是管教孩子的常见方法。例如，“最伟大的世代”中许多人所属的文化都不觉得这种常见的做法值得大惊小怪。[5]事实上，许多人认为，打孩子是使之成长为社会好公民的恰当的常用办法。学校老师经常打学生。今天的父母如果时不时抽孩子二三十下皮带，大多数人都会认为他虐待孩子，但按照过去的标准，这算是非常仁慈的，过去打孩子有专门的家伙，比皮带顺手多了。

德莫斯创办的季刊《童年史》（*The History of Childhood*）描述了各种体罚工具，包括：

· 各种鞭子

· 九尾鞭

· 铁锹

· 藤条

· 铁棍和木棍

· 集束棍

·“惩罚鞭”（用小铁环串成的铁链）

·“戒尺”（学校使用的体罚工具，尾部呈梨状椭圆形，上有一圆孔，用来打出水泡）

今天，我们不可能容忍使用专门在七八岁的孩子手上打出水泡的体罚工具。可是老话说，“省了棍子，害了孩子”，意思是父母舍不得打孩子是在害孩子。在很长时间内，人们都认真奉行这训条。[6]

不能责怪父母看不到自己的行为对孩子的潜在伤害，因为毕竟他们自己就是这么长大的。如果要想象生活在一个虐待孩子的社会中的情景，不妨也想一想被虐待的孩子会如何养育他们自己的后代。历史学家M.J.塔克（M. J. Tucker）在载于《童年史》的一篇文章中叙述了简·格雷（Jane Grey）[7]在父母手中受到的严厉对待，然后写道："简的父母是典型的父母……流行的规矩是，父母若爱孩子，就得打孩子。"他说，孩子们经常也是这么想的："像简·格雷这样的小女孩从不怀疑自己挨打就是父母对她的关爱，反而觉得自己有这么认真负责的父母很幸运。"简·格雷十几岁时因陷入王位继承危机而被处决。但是，如果她活下来，想成为符合当时标准的好妈妈，这个挨打长大的孩子会如何对待她自己的孩子呢？

打孩子现已不再提倡，但美国有些公立学校系统仍然施行体罚，仍然有人辩说体罚有益（尽管体罚的程度不会像前面说的那么严重）。然而，过去对许多孩子施行的其他虐待就不是这样了。例如，成人和孩子之间的性行为哪些可以接受，哪些不能接受；对于这个问题，过去的一些社会和文化的看法与我们差异巨大。[8]今天的我们难以理解那些文化和人民，但我们完全可以想象，这样的文化观点必然会对当时的社会现实产生影响。历史上许多文化都把儿童视为性对象，有时也把他们用于此途。400年前就有水手叙述说，他们在太平洋岛屿上遇到的明显性成熟的女人中，有的“女人”才10岁。我们也许觉得这种性关系怪异，甚至淫秽，但是如果那些水手所处的社会不这样想，那又如何呢？

其他时代，如古代，关于性和儿童的道德观念经常与我们大不相同。[9]在古代地中海地区，许多地方的文化都接受成年人与儿童之间的异性恋和同性恋关系。那些古代文化中的儿童是否和今天我们看到的与成年人有过性关系的儿童一样，留下了长期的心理阴影呢？如果是，这对那些社会的发展有什么影响？如果不是，也很有意思，那就要问为什么。

即使父母全心全意为孩子好，也不常动手打孩子，但他们只要按照当时认为明智的办法做，就可能给孩子带来严重伤害。可以称之为无意中虐待儿童。

历史上很长的时间中，烈酒或鸦片常被用来减轻孩子长牙时的不适，或帮助孩子睡眠。直至20世纪60年代，医生还经常给孩子开处方药治疗失眠，父母用威士忌给长牙的婴儿按摩牙龈也很寻常。现在我们知道这些物质有害，不过，数百年前就已经有人认识到了这个问题。《童年史》引用了一位名叫休姆（Hume）的英国医生1799年说过的话。他抱怨说，造成数千名孩子死亡的原因是护士“总是给幼小的孩子灌戈弗雷香酒，那是强力镇静剂，实际上和砒霜一样致命”。

从前的人认为，带孩子去观看公开处决犯人是教育孩子的好方法，是教孩子辨别对错的道德课。为了让孩子把教训牢记在心，有时父母还在孩子观看行刑的同时打孩子，以此让孩子把眼中所见和身上的疼痛永远联系在一起。在别的场合也有打孩子使其不要忘记的做法。有时，盎格鲁-撒克逊人为了法律，例如为提供呈堂证据，会通过打孩子来令其回忆某一天发生的事；肢体暴力成了一种公证服务，或长期备忘录。

现代社会中，我们担心孩子在电视节目或电子游戏中看到太多的模拟暴力，怕他们因此而对真正的暴行麻木不仁。但在过去的很多时候，孩子对暴力习以为常，是因为他们看到的暴力行为是实际发生的，而不是电视上的。在一些文化中，孩子长到5岁、6岁或7岁的时候，就会近距离看到真正的杀戮和酷刑。有时他们还可能亲身参与。[10]

今天，我们若听说一个孩子在如此血腥暴力的环境中长大，会假设他或她心灵严重受创，需要心理疏导和帮助。但是，很难说这样的经历在所有历史阶段和所有文化中对所有孩子都有同样的影响。从前的人在成长过程中常常看到动物被宰和人被杀，可能他们不会像现代人那样大受震动。今天我们可能假设，某些东西在任何时候都会对人造成伤害，可是也许实情并非如此。行动不必造成明显伤害，也能导致一个人的重大改变。（无论是今天还是过去）一个孩子若是目睹几次血淋淋的公开处决，必然会和社会中的其他孩子不一样。现代社会中任何有此经历的孩子可能都会接受某种治疗，也许还会长时间服药。

看过如此严重的虐待后，你可能觉得抛弃或漠视孩子算不上严重，但研究儿童的现代专家坚信，父母和孩子缺乏长期不断的接触会产生持久的负面效果。心理历史学家声称，这种情况在过去也许严重伤害了很多儿童。表面上看起来这一点似乎不言自明，但似乎不可能在宏观层面上确定其对过去社会的影响。

过去的很多社会中，父母和孩子不像我们今天有那么多的接触。[11]就连母亲给婴儿哺乳这种建立母婴纽带的事情也经常交给别人去做。数千年来，在许多社会和文化中，雇用乳母的做法非常普遍。乳母是给别的女人的婴儿哺乳的女人。关于乳母的故事《圣经》里就有，甚至早至古巴比伦。罗马时期，乳母聚集在一个叫“奶柱”（Columna Lactaria）的地方待价而沽。有些母亲产后缺乳或身亡，确实需要乳母来填补需要，尤其是许多社会不认可给婴儿喂养动物的奶。

不过，这种做法经常意味着把孩子从家中送走，去和乳母同住，有时一住好几年。过去随随便便就把孩子送走的做法令今人震惊；18世纪和19世纪的各种书信来往中，有时似乎不把孩子当人，而是当成一窝小狗。19世纪一位绅士的岳母写信答应送给另一家一个婴儿：“是的，婴儿一断奶肯定就送去。”她还写道：“如果还有人想要孩子，您也知道我们这里还有。”

孩子的创痛还不只是被送走。他跟随乳母生活数年后，和乳母越来越亲，但他最终还是得回到自己的生身父母那里去，这实质上等于夺走他所知的唯一亲人。[12]有的乳母对孩子不好，孩子回自己的家是求之不得，但无论如何，孩子回家后面对的都是完全陌生的人。劳埃德·德莫斯引用了巴黎警察局长1780年写的一篇文章，文章估计，在巴黎平均每年出生的2.1万名孩子中，只有700名是由自己的生母哺乳的。（路易十六的王后玛丽·安托瓦内特在写给母亲的一封信中说，她女儿在一屋子人中认出了她是妈妈，“我想自那次以后，我对她喜欢多了”——说明她以前并不怎么喜欢她。）

孩子也可能被视为商品，而不是家庭的一员。卖孩子一本万利（现在世界上有些地方还有这种事情发生）。孩子还被送出去卖力气。在中世纪的学徒制度下，孩子才五六岁大就被送到附近的城堡或社区，从此开始劳动生涯。父母不认为这是对孩子的惩罚或虐待，而是视其为一种实习经历，孩子可以从中学会宝贵的基本技能，这对他们长大后过上好日子十分必要。自有农业以来，务农的家庭就动用家里的一切劳动力种地糊口。[13]把孩子纯粹视为方便的廉价劳动力是很普遍的现象。到20世纪30年代末，美国才规定采矿和制造业这类危险产业雇用童工为非法。当时，对这种改革努力的反对力度超乎想象。不过，今天的观点是，让一个13岁的孩子下矿井或把一个12岁的孩子派到流水线上必定有碍孩子的成长发展。

令人纳闷的是，我们的祖先不乏聪明人，为什么看不到这些做法那么有害呢？不过，可能我们关于“有害”的概念和他们不同。他们养的孩子要在他们的世界中生活，那是我们完全陌生的世界。再说，谁知道将来的育儿专家对我们目前的做法会怎么想？按照将来的标准，我们现在的最佳做法也许会被认为是对孩子的虐待，或者对孩子有害。作为辩护，我们可以说，我们根据现在掌握的知识尽了最大的努力，但可能我们的祖先也会这样说。

3

他们所知世界的终结

“进步”的概念是有偏向的。从狩猎–采集社会过渡到人在城市居住的社会是进步吗？还是说我们视其为进步，不过是因为我们大部分人现在都住在城市里？[1]如果一个识文断字的社会被一个文盲社会所取代，那算是文明的退步吗？如果一个社会的经济活力和财富从原来的高点大幅降落，那一定就是“衰落”吗？[2]

自人类文明开始，社会就有“兴”有“亡”，有“进步”有“衰落”——几十年前撰写的历史著述经常是这样说的。现在，历史学家更多地使用社会“过渡”这一说法，不再采取含有前进或后退意思的措辞。连续性也经常得到强调，不再像过去的历史著作，把重点放在与前一个历史时代的决裂之上。

那么，罗马帝国是“亡”在了“蛮族”手中呢，还是说过渡到了另一个权力比较分散、日耳曼特色比较浓厚的时代呢？

罗马帝国在西方消失后的那个时期（以前叫“黑暗时代”），人们的许多能力出现了下降。居住在原罗马帝国土地上的人不知怎么修理或重建原先的基础设施。渡槽、货币制度和贸易通道也大不如前。大多数地区的识字率直线下降，一些社团和群体担起了过去由有组织的中央当局行使的部分职能。[3] 如果我们今天达不到前辈的技术、经济或文化成就的高度，会称之为什么呢？[4]

1968 年上映的电影《人猿星球》（*Planet of the Apes*）令人深受启发，它显示了认为我们是人类发展的终极版是多么大错特错。电影里，（只围着一块兜裆布）满身泥污的查尔顿·赫斯顿（Charlton Heston）大喊：“别用你的臭爪子碰我，该死的脏猴子！”他饰演的角色认为，猿比他低级，但对电影里的猿来说，人才是劣等物种。

最后，查尔顿·赫斯顿逃走了，剧终时，他骑马带着被他救出来的一个不会说话的（也就是说劣等的）人类女孩沿沙滩驰去。拐过一个弯后，面前赫然出现了自由女神像，但它歪倒在地上，只能看到胸部以上直到头上王冠的部分，下面的部分埋在沙子里。这时观众才意识到，电影讲的故事发生在很久以后的地球上。

“你们这些疯子！你们把它毁了！”赫斯顿一边用拳头捶打沙子，一边怒吼。

我们现代人几乎下意识地认为，自己不会落得这样的下场，这也是《人猿星球》的最后一幕如此震人心魄的原因之一。[5]我们无法想象，我们的后代生活的世界可能比我们自己的世界更原始。同样，生活在现在我们称之为“古代”的罗马人当时也无法想象，他们的“永恒之城”未来将成为废墟。

西方经典中最早的故事出现在公元前8世纪左右。据说《伊利亚特》是希腊盲诗人荷马的作品，虽然历史学家早就认为，该史诗其实是从比它古老得多的口述故事中提炼出来的。

《伊利亚特》包括了各种激动人心的戏剧性要素，那些要素从来都吸引着人的兴趣。这部史诗糅合了超级英雄电影的内容和对于神话中远古黄金时代的J.R.R.托尔金*风格的描述。它是最初的，也是终极的“挥剑武士”史诗，描写了神、半神和豪横英雄之间的大打出手。《伊利亚特》讲的是一群“希腊人”离开故土，去解救国王那被劫持的美貌绝伦的王后的故事。为此他们渡过大海，打了一场10年大战，最终推翻了由一位富有而崇高的君王领导的强大繁荣的王国。故事里什么都有，有魔法、有矛战、有死后重来的鬼魂、有在这场凡人战争中选边站的神祇之间的互殴互斗、有不幸的敌手之间的性和爱情、有血腥的战斗，也有壮烈的失败。它甚至有续集，如果《奥德赛》可以算是续集的话。不过，我们现代的幻想故事和史诗就是作为幻想来写的，读者也把它们作为幻想故事来读，但古代的希

---

* J. R. R. Tolkien，英国作家，代表作有《霍比特人》《魔戒》等。

腊人、马其顿人和罗马人却经常认为幻想故事就是历史。[6]

据说，史上最伟大的军事领袖之一，马其顿的亚历山大三世［Alexander III，俗称“亚历山大大帝”（Alexander the Great），公元前356年—前323年］的枕头底下就放着一本荷马的《伊利亚特》。也许他认为自己得到了史诗中超级英雄阿喀琉斯的启示，甚至自己可能就是阿喀琉斯的后裔。[7] 亚历山大在公元前334年出兵攻打波斯帝国前，拜谒了当地人所说的阿喀琉斯之墓。经典记载，他披上了在墓内找到的“古”铠甲。[8] 在亚历山大看来，特洛伊是一个已逝的伟大时代的历史，他找到的一位半神的古老铠甲就是证明。

然而，后来的学者不同意《伊利亚特》是历史。从18世纪开始，人们越来越不肯全盘接受过去的理论，而是更加注重证据。历史学家秉承着这种治学态度，试图把真相从寓言故事中剥离出来，他们认为特洛伊战争的故事纯属传说。可是，19世纪末，一个名叫海因里希·谢里曼（Heinrich Schliemann）的德国人在今天的土耳其的一座小山上找到了一处古城遗迹；谢里曼是少数相信特洛伊真正存在的人之一，并且在积极寻找这座古城。后来，情况日益明朗，证实谢里曼发现的古迹的确是西方最古老的书面故事所描写的那座城。希腊人靠着数百年的众口相传，使得遥远年代的记忆不致湮灭，那是个早在黑暗时代到来之前的先进、繁荣的年代。[9]

一个业余寻宝人（当时的大部分考古学家都属于此类）发现了“特洛伊”！消息一出，造成国际轰动，催生了现代的考古事业。通过在地中海地区和近东各处的挖掘、出土和野外研究，人们开始发现并揭示一个在伯里克利（Pericles，公元前495年—前429年）的雅典和列奥尼达（Leonidas，公元前540年—前480年）的斯巴达尚在新生阶段时已经算是古老的世界。特洛伊只是其中的一小部分。概览公元前1500年前后的地缘政治形势，可以看到整个地区群雄并存。古埃及正处于新王国时代法老权力的巅峰；强大的赫梯帝国控制着现代土耳其的一大片土地，领土延伸至叙利亚；位于如今伊拉克的亚述和巴比伦兵强马壮；埃兰人占领着伊朗西南部；米诺斯是克里特岛上的海上贸易大国；迈锡尼人占领着希腊。[10]

那是个伟大城市的时代，许多城中建有金碧辉煌的宫殿，城市生活空前发达。那个繁荣的时代有财富、力量、文字、贸易、发达的军事和远距离通信。现代史学称它为“青铜时代”（大约是公元前3000年—前1200年），它在许多可衡量的领域都代表着该地区发展的高峰。青铜时代的最后阶段也是它最辉煌的阶段。[11]

不过，青铜时代的辉煌未能持续。到铁器时代，雅典和斯巴达的古希腊人在财富、贸易和识字方面才慢慢开始达到可与前一时代相比拟的水平（那是在大约公元前700年）。其实，历史上青铜时代晚期的国家和文明对铁器时代来说正如《人猿星球》中显示的我们的文明。它们往昔的伟大几乎尽毁无遗，它们的历史也成为神话和传说。

“青铜时代的崩溃”是与西罗马帝国的灭亡同等级的巨变，

但是造成这一崩溃的原因却成了历史之谜。为了解开这个谜团，历史学家变身侦探，努力想找出人类历史上这个伟大时代的致死之因。

崩溃显然来得很快。所以，在讲到一个时代结束时，经常使用“崩溃”“毁灭”“陨落”这样的字眼。青铜时代不像罗马帝国，没有经历“衰亡”，而是像股票市场崩盘一样从巅峰直坠而下。如果一个上年纪的人在坠落最猛期间（大约从公元前1200年—前1150年）生活在受影响最大的地区，那么他看到的世界可能与他刚出生时的世界迥然不同。

关于青铜时代的陨落（以及无数其他题目），一个世纪，甚至半个世纪之前撰写的历史著述都有相对肯定的结论。现在却不同了。许多领域实行了现代标准与方法，任何理论都要经过以往的历史学家做梦也想不到的严格测验。现代研究者掌握着各种资源，从年代测定技术到DNA检样，还有许许多多其他工具，因而拥有了前所未有的能力来发现新的信息，或证伪原来的信息。

在如此仔细的审视下，现有理论遭到推翻必然比新理论获得认可更容易。历史学家约翰·阿诺德（John H. Arnold）指出，历史是一个连续不断的进程，永远不能，也不会，达到终点，随着更多史实和数据被发现，旧有的理论得到修改或被推翻，历史也不断得到修正。

关于青铜时代终结的许多理论在现代研究者手里一个又一个地被推翻（或至少遭到合理质疑）。然而，虽然今天的专家掌握了关于那个时代的海量信息，他们却更加无法确知那个时代到底遭遇了什么。

一个好侦探开展任何调查，大约都会以两个问题作为出发点：

1. 发生了什么事？
2. 如何（为何）发生的？

如果回答不了问题1，就极难找到问题2的答案。事实是，目前专家们对问题1尚未达成一致意见。

对于“青铜时代的陨落”，传统的解释是，古时大约公元前1250年—前1100年，地中海周边的世界出了大事。出现了某种现象，或发生了某个事件，也许是一系列事件，使得从地中海地区中心向东一直到今天的伊拉克那个地区的国家和人民遭到重创。数百个城市或被毁或被弃。历史资料中提到了饥荒、战争、疾病、政治动荡、火山爆发、地震、海盗劫掠、人口迁徙、干旱和气候变化等；这些情况也都有数据可资证明。这个时代国家高度集中，依托于复杂互联的贸易与通信体系；在某个时候，这些体系不知怎么遭到了破坏。到公元前1100年左右，许多原来的集中化社会都转回到（或分裂成）较小的地方政治实体，（根据出土的墓葬品判断）财富也大为缩水。

熬过那个时代大难不死的国家大多像是刚打完一场惨烈比赛的拳击手，鼻青脸肿、伤痕累累，实力和影响力即便不是一蹶不振，也大打折扣。埃及再也无复往昔的辉煌。文字在希腊几乎完全消亡。强大的赫梯帝国这个位居战略要地、存在了两个半世纪的辽阔王国几乎全毁。[12]还有几个大国更是随着青铜时代的崩溃而彻底消失。

历史学家罗伯特·杜鲁斯（Robert Drews）说，东地中海地区青铜时代的结束是历史最骇人的转折点之一，对亲历之人来说是天降大难。据他所说，从公元前13世纪末到公元前12世纪初的50年间，东地中海地区几乎每一个重要城市都被摧毁。他列数了一连串的破坏：

> 在爱琴海地区，我们称为迈锡尼希腊的那个以宫殿为中心的世界消失无踪；除了黑暗时代的吟游诗人还记得它往昔荣耀的片段之外，它被完全遗忘，直到考古学家将它发掘出来。安纳托利亚的损失更大。赫梯帝国给安纳托利亚高原带来的秩序和繁荣前所未有，后来的1000年也再未重现。黎凡特恢复得较快，青铜时代的一些重要制度保存完好，但其他地方并非如此，各处的城市生活都元气大伤。埃及的第二十王朝标志着新王国的终结，也几乎结束了法老实现的成就。公元前12世纪，整个东地中海地区进入了黑暗时代，希腊和安纳托利亚陷在里面长达400多年。可以说，青铜时代的终结是古代历史上最大的灾难，甚至比西罗马帝国的垮台还要严重。

这就是关于“发生了什么事”的调查结果。

调查的第二部分是要查明它是如何或为何发生的。

就此众说纷纭：

1. 海上民族（及相关原因）
2. 饥荒 / 气候变化 / 干旱
3. 地震 / 火山爆发 / 海啸
4. 瘟疫
5. 互相残杀的内战
6. 体系崩溃
7. 以上数个或全部因素的总和

此外还有更多的理论。[13]但是，问题不在于寻找证据。关于上述的一切是否曾经在某些地方、某个时期发生过，各种形式的肯定和否定的证据似乎都能找到。问题是破坏的规模太大，难以想象任何单一原因能造成如此广泛而持久的混乱。

另外，证据并不确凿。[14]

拿被毁的城市来说。发现数千年前被毁的古城时，经常能看到该城被毁的明显迹象。大部分遗址中，建筑物焚烧留下的烟炱和灰烬是最明显的证据，但有时也能找到倒地的尸体、嵌在墙体中的箭头等武器和其他形式的破坏。这当然表明该城市是被暴力摧毁的，但谁是施暴者并不清楚。正常情况下，人们会认为暴力是外来力量犯下的，但也可能是该城市居民之间打起了内战，或发生了政治动乱。[15]仅仅根据考古证据，很难找出肇事者。

也可以用当时的文字记录来查实考古发现，但文字有它自己的问题。首先，青铜时代显然是很久以前的事。它终结之后好几个世纪，才写出了《希伯来圣经》*。尽管文字材料多得惊人（这是一个先进时代的确切标志），要解开这个谜团还远远不够。

不过，这个时期一些铭文的内容也许与之相关。

比如，如果在考古记录中找到了被毁城市的名字，又找到了抢劫者关于自己在大约同一时期入侵同一地区的文字叙述，那么就可以说是证据确凿了。埃及有镌刻在石头上的关于与神秘的“海上民族”[16]暴力冲突的官方记录（还带有图画！）。按照埃及人的记录，似乎这些海上民族在整个东地中海地区像一群青铜时代的海盗一样奸淫抢掠、烧毁城市。数十年前的历史学家认为，他们是造成青铜时代晚期混乱的首要原因。

但是，埃及的记录可信吗？它们会不会是不实的内容？或者这根本就是彻头彻尾的谎言？历史学家受过专门训练，知道在分析解读证据时不能轻信；他们发现，埃及的记录有问题。

好几个埃及统治者都记录下了与他们认为是从海上或岛上来的人发生的暴力冲突。他们说这个或那个部落是“海上民族”或“海上国家来的”，或提到那些人“在他们的岛上”。这

* 犹太教的经典文献，也即基督教的《圣经·旧约》。

些海上民族据说是好战的航海部落或国家，起源不详。[17]青铜时代晚期的危机开始时，至少有一位法老使用“海上民族”部落的一些武士做雇佣军为埃及打仗，所以埃及人不可能对“海上民族”一无所知。我们也许不知道“海上民族”是什么人、从哪里来，但埃及人很可能知道。

法老拉美西斯三世（Ramesses III，公元前1217年—前1155年）声称，他在一次战役中打败了一些海上民族的群体，那场战役的时间经常被定在危机正烈之时（公元前1180年）。[18]他留下的文字记录把他自己描述为保卫文明的堡垒，说他击退了异族联军的进攻，那支联军共同发动了一场阴谋，被他打败前一直所向披靡。拉美西斯说，这些民族或部落已经灭掉了若干大国，像古时北欧人一样在沿岸和海上奸淫抢劫——直到碰上了他：“异邦人在他们的岛上阴谋策划暴乱。各地全被打得七零八落。没有一处能抵挡他们，哈提（Hatti）、库德（Kode）、卡赫美士（Carchemish）、阿尔扎瓦（Arzawa）和阿拉什亚（Alashiya）纷纷陷落。他们在阿穆鲁（Amurru）设立了营地，当地人被杀光，国家灭亡，好像从来没存在过。他们向埃及进发，但火焰在等着他们。他们的联盟由派莱塞特（Peleset）、铁克尔（Tjeker）、舍克利斯（Shekelesh）、达奴（Denen）和万舍斯（Weshesh）共同组成。他们的手伸到了天涯海角，他们信心十足地说‘我们的计划一定会成功’。”[19]

法老拉美西斯三世说，异族部落联军的计划失败了，他们的入侵被埃及粉碎，没有战死的人下场凄惨：“那些到达我的边界的人绝了种，心神俱灭。至于从海上汹汹而来的人，他们在尼罗河口遇到了战火烈焰，岸上长矛组成的栅栏围困着他们，他们被杀死在海滩上，尸体堆积如山。”

很多不是历史学家的人经常假设这是对事件的准确回述。的确，拉美西斯三世这段话包含的信息可能极为重要。但是，我们能全信吗？

有些历史学家指出，拉美西斯三世也许把一次小小的遭遇无限夸大了，以突出自己的伟大。还有人认为，他不过是转述了以前的一位埃及统治者在位时发生的事情［迈尔奈普塔（Merneptah）公元前1213年—前1203年是埃及法老，曾在卡纳克神庙墙上刻下一份捷报］，把那位法老的功劳贪为己有。他肯定没有完全说实话，因为历史学家和考古学家已经证明，他说的有些被毁的城市其实并未被毁。也许他那篇铭文是专门针对某些受众的，想让他们知道或相信某些事情。在决定对当时的叙事能相信多少的时候，动机和背景是需要考虑的关键因素。

最后，还要加上使用现代科技手段发现的十分宝贵的数据。气候、火山、地震、海啸、农业趋势、水下考古、古环境学以及许多其他领域的专家都在研究青铜时代之谜的各个方面。但是，似乎依然很难根据掌握的信息做出推断，澄清谜团。至少目前如此。

看看那个被怀疑是造成青铜时代崩溃的首要因素清单，再看看它们成立或不成立的理由，就能明白解开这个如此古老的谜是多么困难。

因素1：海上民族（及相关原因）

远古历史如此有趣的一部分原因是，许多人在历史记录中好像是凭空冒出来的。就像没有空间旅行的《星际迷航》（*Star Trek*），本来全然没有阿拉姆人（Arameans）或弗里吉亚人（Phrygians）或喀西特人（Kassites）的影子，下一刻他们忽然就到处都是。

历史会压缩过去的事件，越古老越是如此，所以，历时几代人形成的趋势在今人看来好像是瞬间发生的。古代历史中一个新部落或新民族的“突然出现”其实可能是在许多世代的时间内渐进发生的。有时，历史所谓的“入侵”更像是移徙，而历史称之为“移徙”、描述为整个民族同时动身的现象在许多情况中应该是逐渐的长期移民。

所谓的海上民族可能就是这样。

用可以称为“入侵理论”的观点来看，海上民族是头号公敌。按照20世纪中期流行的说法，青铜时代的“文明”城邦世界是一块兴旺发达的绿洲，被敌意四伏的野蛮之海团团包围。贫穷部落不断趋向富裕（但可能软弱）的“文明”民族周边，形成一种类似渗透的动态。文明世界为拦住那片人海费尽九牛二虎之力。有时，蛮族部落会突破阻拦，攻陷某个城市、地区，甚至国家。

根据这种观点，青铜时代晚期的危机近似一场完美风暴，促成了许多外部民族的卷入，造成了凶悍的部落武士一马当先的“动乱时期”。几乎所有的政治实体都被击败，只有几个最强大的除外。

1965年，历史学家切斯特·斯塔尔写道：

> 等（青铜时代的）君主们注意到新的入侵浪潮正在聚集，已为时太晚。从沙漠来的闪米特（Semitic）部落冲击着城市的要塞，13世纪末爆发了自北方而来的凶猛攻击。乌加里特（Ugarit）被大火永远摧毁，其他许多叙利亚城市也落得同样下场；公元前1200年，赫梯帝国瓦解，希腊迈锡尼人的各个王国也遭到同样命运。拉美西斯三世（公元前1182年—前1155年在位）治下的埃及遭到海陆夹击，勉强得以保全。亚述虽幸存下来，却在后来的几个世纪中完全失去了扩张能力。

一度流行的几个其他假设也可以纳入入侵理论。例如，一个观点认为，这个时代的灾难在很大程度上可以归因于铁的发现和（有些民族对它的）广泛使用。这与认为青铜时代灾难的一个首要组成部分是战争的想法非常契合。许多人一度以为，铁是古代世界当时的超级秘密武器，只要能掌握炼铁的能力和技术，就获得了相对于敌人来说巨大的军事优势。据说，有此能力的人（如赫梯人）对炼铁技术严格保密。

如今这个主张不再像过去那么流行，但经过演变后它发展成了其他理论的组成部分，地区贸易崩溃论就是一例。在青铜时代互联互通的地中海地区，先进国家之间的铜锡交换是经济的一个关键支柱。[20]几乎没有一地兼备这两种金属，所以贸易至关重要，且利润丰厚。铁[21]的主要价值不在于它的坚硬，而在于它储量丰富、分布广泛。如果用铁制武器装备军队比用青铜武器便宜，那肯定会有军事方面的影响。如果铁的出现严重破坏了主要贸易国的经济，也会产生涟漪效应。[22]

“海上民族及相关原因”这个类别可能包括的最后两个要素是海盗行为和人口移徙。它们也与首要因素清单上的其他几项有所重叠。

先来看海盗行为。普遍认为，从埃及人关于“在他们岛上的北方人”的谈论和来自黎凡特海岸的书信中可以看出，青铜时代晚期（如同从公元700年到1100年的著名“维京时代”），大规模海盗行为时常发生，这并不稀奇。海盗除了抢劫沿岸居民点，烧毁村庄、市镇，甚至大型城市之外，还在海上抢夺船只和船货，严重扰乱至关重要的地中海海上贸易网络。这个地区有少量海盗活动无疑是正常的，[23]但是，如果各种条件造成海盗行为激增，就可能危及整个体系。过去曾认为，大多数海盗行径都是海上民族犯下的，但出土记录显示，至少在一些情况中，海盗可能和受害者来自同一个城，也许他们是因为经济条件恶化才去当海盗的。

海盗的操作方式是打了就跑，而有些人可能想和大家一起搬到更先进或更富裕的国家长住。早就有人提出，青铜时代出现了类似4—6世纪日耳曼人大迁移（Völkerwanderung，实质上就是移民）[24]的情况，破坏了人口平衡，把青铜时代推上了崩溃之路。埃及有些石雕刻画了全家人赶着车子跟随“海上民族”和利比亚部落前行的景象。这说明，有些民族在全体寻找新定居地，必要时不惜用剑来征服新的土地。埃及人对此已经习以为常。他们占据的地方是相对富裕的产粮区，所以，西边的利比亚各部落、南边的努比亚人（Nubians）和各种各样的“亚细亚人”[25]经常犯边，抢夺财物或占地而居。在有些情况中，很难说是人员迁徙还是入侵。

入侵理论假定，青铜时代晚期，来自蛮族的暴力行为相当普遍，可能从巴尔干到中国边缘那一大片地区的各个民族都有参与，并几乎在同一时期发难。

今天，入侵理论渐失支持，是因为有些关于入侵的证据现在受到了质疑。青铜时代终结的大灾难是否包括“多利安人”对希腊的入侵与征服？80年前，大多数历史学家对这个问题做出的回答都是肯定的，认为多利安人的入侵使希腊堕入了黑暗时代。今天，很多历史学家不再相信那些“入侵”真的发生过。如果没有发生多次入侵，如果战争和劫掠只是零散现象，不那么普遍，那么就很难说是它们造成了整个体系的崩塌。一些历史学家甚至提出，“入侵”也许是历史神话。

相信海上民族对青铜时代的终结至关重要的人仍然为数不少，但是，今天多数人可能更认为它是果而非因。移民、海盗，甚至入侵可能都是某些事情引起的回应……

因素2：饥荒/气候变化/干旱

《圣经·启示录》里的天启四骑士是征服（或瘟疫）、战争、饥荒和死亡。在现代世界的很多地方，天启四骑士似乎不再像过去那么可怖。当然，战争和征服依然存在，但是（尚）没有爆发第三次世界大战。我们不再能体会疾病（瘟疫）给我们的祖辈带来的创痛。[26]世界上大部分地区几乎没听说过遍及全社会的大规模饥荒。人类自古以来经历的多个黑暗时代似乎再也不会重演。

但是，千万不要以为天启四骑士中的任何一个会永远销声匿迹。它们在历史上反复出现，频繁得令人胆寒。

我们大多数人视为理所当然的一件事是获得食物。地球上每个国家都有一些人营养不良、忍饥挨饿，但当今世界大部分地方，整个社会都缺乏食物的情况与过去任何时候相比都少而又少。然而，直到不久前，大规模粮食不安全还是常态而非例外。由于相对近期的发展，才生产出了足够的粮食满足目前人口的需求。有了现代运输和物流系统，哪怕是遥远的海岛也能够有大量食物安全运到，摆上那里的货架。电视机里播放的慈善广告通常会展示现代饥荒造成的破坏，但我们大多数人几乎不能理解画面中的现实。不过，可以试试看，使用哪怕仅仅200年前的农作技术能不能养活美国今天的3亿多人。

20世纪中期，现代的先进城市或国家的确发生过几次饿死人的大饥荒。有人活活饿死在现代建筑物旁或现代街道上——这一景象太不寻常了，与我们对饥荒的印象截然不同；通常认为，只有处于全球化世界边缘的贫穷、战乱、干旱、落后的社会才会发生饿死人的事情。这个印象我们是根据最近的历史形成的。伦敦、东京或纽约的街道上饿殍遍地的情景实在难以想象。

但是，说到饥荒，就不能不设想以上的情景。关于现代发生的饥荒，观察者和受害者讲述的故事表明，没有食物会造成社会的崩解。想象一下，如果你所在的地区今天被切断了食品供应会怎么样。加里·肖（Garry J. Shaw）提出，饥荒也许是海上民族蜂拥而来、大批人移徙、外人入侵或民众叛乱的原因。

> 一旦足够多的人被绝望驱使着行动起来，就连最强大的国家也阻拦不住；如果足够多的人拒绝接受财富与威望的象征，它们就一文不值。在这样的时候，有些人会造反、放火，然后在灰烬上重建。其他人则会离开。于是，在这个动乱、疾病、暴力、饥荒和干旱频发的时期，各种各样的“海上民族”选择了第二种办法。他们带着家人和财产告别故土启程向东。为了养活自己或者在试图定居之时，他们有时使用暴力，可能还有雇佣军做帮手。关于他们的传说就这样形成了。

有充足的证据表明，青铜时代最后几个世纪，地中海地区许多地方发生了饥荒。赫梯人尤其遭遇了长期的严重粮食危机；赫梯帝国首都被毁之前从该城发出的最后一封绝望的信件就提到了饥饿。埃及公墓中的发现证明，在这一时期，很多人营养不良。对利比亚人来说，饥饿似乎总是如影随形；连续多个世纪，他们经常去埃及抢劫粮食，甚至干脆迁居埃及。[27]

饥荒可以有很多原因。也许昆虫吃光或毁掉了庄稼；也许河流和水源发生了干涸或改道，或复杂的灌溉系统被摧毁；也许错误的种植方法耗尽了土壤的养分。但是，通常天气本身才是最大的威胁。即使在现代，农业也几乎是完全靠天吃饭的；这彰显了人力的渺小。没有一个国家不受天气的摆布。美国中西部的干旱天气造成了20世纪30年代经济大萧条期间的沙尘暴（Dust Bowl），进而导致了人口迁徙，其历史变化的涟漪效应至今不息。类似事件在人类历史上一定发生过无数次。

目前，气候变化问题普遍得到重视，所以，关于青铜时代的完结，与天气有关的解释特别流行。其实，早在好几十年前就有历史学家提出理论说，干旱是真正发动了天启四骑士的原因。旷日持久的干旱导致严重饥荒，必然引发一系列连锁反应。回头看去，这些反应说明了为何会发生海盗行为、人口移徙，可能还有内部动乱。

如历史学家马尔科姆·韦纳（Malcolm H. Wiener）所写："战争和移徙可能与粮食危机互为因果，特别是在土地承受能力已达极限的地方。效果也许是渐进的：粮食短缺导致土地的过度使用和土壤退化，进而导致军队、平民或俘虏的叛乱，也可能导致统治者丧失合法性，因为平民认为他失去了神的眷顾。”

地方性饥荒在多大程度上算是正常的、预料之内的？某个特别严重的局势在多大程度上构成了非同寻常的威胁？这些问题的答案难以确知。研究显示，有证据表明，这个地区的一些地方在相应时间前后发生过长期干旱。[28]

然而，一些专家提出了反驳，说干旱在这个气候区并不罕见，因为东地中海地区很多地方本来就属于干旱区。在一个干旱司空见惯的地区，为什么某一个干旱特别严重时期突然导致了一连串古老社会的崩塌呢？如果干旱是人们移居他地的原因，为什么有些人离开缺水地区，却迁去了更加干旱的地区呢？[29]

饥荒也引起了同样的问题：如果饥荒并不罕见，为什么它在青铜时代完结时造成了社会结构的坍塌，其他时候却没有产生这样的结果呢？它当然可能导致了青铜时代的崩溃，但研究历史的学者仍在寻找证据。

也许干旱或饥荒造成了青铜时代的崩溃，但它并不是通过使所有人都沦为饿殍而造成巨变的。饥荒更像是星星之火，引发了重重副作用的燎原烈焰。但是，从河水的层层涟漪处追寻最初扔进河里的那块石头难之又难，尤其是在事隔数千年之后。例如，怎么能把海上民族的一次来袭同他们家乡发生的一次旱灾这两个点连到一起？相对准确地知道事件发生的时间对于解谜很有帮助。例如，在海上民族入侵100年之后发生的旱灾不可能是入侵的原因，但是，如果旱灾发生在埃及法老记录下来的大规模进犯的10年前，那么它就真的可能促成了后来的移徙。但是，对于3000多年前发生的事情，科学在确定具体年代方面能有多准确呢？

这就涉及了下一个因素。

因素3：地震/火山爆发/海啸

让我们先把青铜时代放一放，来看1815年。那一年，位于今天印度尼西亚的坦博拉火山爆发了。那是过去1000年间唯一一次达到7级火山爆发指数（Volcanic Explosivity Index，缩写VEI）的火山爆发（最高是8级）。[30]它造成了海啸和地震，火山灰遮蔽了天空，覆盖了100平方英里*的土地，灰层厚达12英尺†。那次火山爆发对全球气候影响巨大——1816年被称为“没有夏天的一年”。除别的影响之外，据信它还导致了饥荒。

自从人类开始保留书面历史记录以来，VEI如此之高的火山爆发屈指可数。其中一次发生在青铜时代即将结束时的东地中海，地点恰好在青铜时代整个地中海世界的中心。

那座火山的位置在今天希腊的桑托林岛（Santorini），古希

* 1平方英里约合2.6平方千米。

† 1英尺约合0.3米。

腊人叫它锡拉岛（Thera）。锡拉岛火山爆发和坦博拉一样，是人类历史上最猛烈的火山爆发之一；和坦博拉不一样的是，锡拉岛火山爆发没有留存下来当时的人对它的叙述。科学家在那个地区各处都找得到火山爆发的证据，但尚不能确定它具体发生在哪一年。如果能确定年代，就可以将其作为坐标，用来帮助确定其他事件发生的时间。[31] 专家可以确定它的大致日期，前后误差不超过一个世纪（通常认为是在公元前1630年和前1500年）。比起流逝的数千年来，这个误差可以说是微乎其微，但是，这仍然足以给研究工作造成困难。既然青铜时代崩溃的时间一般定在公元前1200年前后，那么锡拉岛火山爆发的时间越晚，就越可能在这场灾难中起到作用。[32]

关于锡拉岛火山爆发，专家们就许多问题争论不休。除火山爆发的年代之外，周边地区遭受破坏的程度也是争论的题目。火山爆发若真的在青铜时代的陨落中起了某种作用，它是怎么起作用的？有人提出，海啸是造成破坏的一个原因。普遍认为，那次火山爆发造成了一次或多次海啸，但关于海啸的规模和造成的破坏，却众说纷纭。与锡拉岛火山爆发相关的海啸主要是由于大量泥沙岩石迅速落入海中，造成排空巨浪而直接引发的（正如冰川崩解造成巨浪）。[33] 这样的巨浪称为大海啸，与我们比较熟悉的由地震引发的海啸大不相同。地震引发的海啸在海上推进时几乎毫无迹象，接近陆地时才骤然发威，而大海啸在刚形成的时候浪头最大，途经数英里水面的过程中，海浪的强度和高度逐渐降低。地震引起的海啸来袭之前，海滩经常会出现奇怪的退潮，然后海水汹涌而至，但大海啸更像突发巨浪，来的时候毫无预警。

海啸之所以重要，是因为一个认为青铜时代的终结与火山有关的理论说，海啸可能完全摧毁了附近国家的沿岸地区。任何海啸都会毁掉停泊在港口的船只，但大海啸也会破坏正在海上行驶的船只。碰上横扫海面的巨大水墙，任何船只都必沉无疑。[34]

作为海上强国米诺斯的心脏和灵魂的克里特岛离锡拉岛不远。人们通常认为，火山爆发可能给它带来了灭顶之灾。[35]如果克里特岛的船只、设施，甚至沿岸民众及其住所都被海浪破坏或摧毁，该地区经济可能因此而受到巨大影响。

还有人认为，米诺斯遭到大规模破坏后，元气大伤，该地区虎视眈眈的地缘政治掠食者从中看到了可乘之机。公元前1450年至前1370年间的某个时候，米诺斯鼎盛时期的宏伟宫殿大部分被摧毁。最终，那个地方及其文化被迈锡尼人接管。[36]但是，如果米诺斯的衰落发生在公元前1400年前后，那离青铜时代其他崩溃迹象的出现还有两个世纪的时间，甚至更久。火山爆发及其引起的海啸有可能是触发一连串事件的元凶，那些事件打破了体系原来的稳定，但如果是这样，从因到果的过程可谓旷日持久。

在讨论青铜时代的终结时，提到的另一个自然灾难是地震。它与其他因素有所重叠，因为锡拉岛火山爆发可能引发了地震，或者爆发前曾发生过一系列地震，而这可能给火山爆发造成的破坏雪上加霜。地震也是海啸的首要原因之一。

东地中海是地震高发区，古时候地震一定相当频繁。在东地中海和西亚地区，多处挖掘出了古时遭地震损毁的房屋（有时还有被砸死的人的尸体）。事实上，青铜时代晚期似乎发生了几次大地震，该地区的许多重要城市都有遭受地震破坏的痕迹。在加固房屋的技术和现代建筑技术出现之前，在普遍使用火塘的时代，地震的破坏远甚于今天。当然，今人震后救灾的能力也更强。如果今天的一场地震及其引发的海啸造成了5万人死亡，清扫现场和灾后恢复对我们来说要比对青铜时代的社会来说容易得多。

然而，许多证据显示，那个时代发生地震后进行了重建。这表示地震并不都是特别致命，受灾社会常常能够继续存在，当然这不一定意味着人口数目、繁荣程度，或地缘政治实力和影响力能够恢复到灾前水平。

一个单一现象（如地震、旱灾、火山爆发或海啸）可以解释某一个城市或地区为何遭到了破坏，但并不能说明为什么整个地中海及西亚地区在青铜时代晚期都受到了打击。也许爱琴海一个岛屿上的火山爆发了，引起了海啸，但为什么位于今天伊拉克的内陆国家巴比伦和亚述也遇到了麻烦？

因素4：瘟疫

天花是历史上最令人闻之色变的传染病之一。据估计，仅仅在20世纪，它就导致了3亿~5亿人的死亡，[37]其凶险可见一斑。而且，这种疾病在1980年就被从地球上彻底消灭[38]了，也就是说，在短短80年内，天花就使5亿人死于非命。侥幸得以存活的天花病人经常会丧失视力，并因天花留下的疤痕而严重毁容。谢天谢地，今天我们不必再和天花抗争，但这种病可以追溯到几千年前。研究埃及法老拉美西斯五世（大约公元前1149年—前1145年在位）的木乃伊时，发现有天花留下的疤痕。（他可能就是因此而死的。）[39]天花是多个欧洲在位君主和5位日本天皇的致死原因，可能也造成了古时的多场瘟疫，如公元前430年古雅典的瘟疫。[40]天花病毒从欧洲人那里传给美洲和澳大利亚的原住民后，成为当地的主要杀手。许多原住民在实际遇到漂洋过海把这种疾病带来的欧洲人之前，就已经被病魔夺去了生命。[41]

正如我们今天难以想象历史上大部分时间大部分地方都司空见惯的粮食不安全，我们同样难以想象过去的文化对许多疾病毫无抵御能力。今人与古人最大的不同就是不再那么受制于疾病。今天仍然有这样那样的疾病，但与古时不同的是，我们现在抗击病魔的手段多了许多，也更懂得疾病的根本原因。人类历史上瘟疫常有发生，所幸今天真正的瘟疫已经罕见。现代社会对疾病最大的恐惧就是可能发生像以往常见的瘟疫那样的疫病。[42]

一些资料显示，好像哈图萨斯在青铜时代晚期遭到了饥荒和瘟疫的双面夹击。[43]公元前14世纪20年代前后，一场瘟疫接连夺走了两位赫梯国王的生命。黎凡特、塞浦路斯和埃及也都有暴发瘟疫的报告。这个时期，希腊的几个地区出现了人口减少，可能也与疫病有关。

天启四骑士经常并辔齐驱，饥荒和瘟疫不仅彼此相联，也经常与战争相关。

因素5：互相残杀的内战

前面已经讨论过了导致青铜时代各种问题的不同形式的暴力。从海上民族到造反叛乱再到特洛伊战争，青铜时代的终结充满了流血冲突。如何区分“正常”水平的暴力和危及体系的暴力？在军事意义上，青铜时代晚期有没有不同寻常或显著突出之处？有，那就是亚述。

亚述将成为下一个时代——“铁器时代”的第一个伟大帝国。[44]青铜时代晚期，这个使用闪米特语言的未来超级大国开始改变近东的地图，而这样的改变足以打破地区的地缘政治平衡。亚述位于今天的伊拉克北部，中心是几个当时已经算是古老的城市。[45]它历史悠久，一直是地区权力斗争中的角色。公元前 14 世纪 90 年代左右，亚述即将开始又一轮持续几代人的无往不胜的征战，首当其冲的是它在该地区的邻国。

公元前 15 世纪 50 年代左右，亚述沦入另一个地区强国米坦尼（Mittani）的统治下。两代人的时间后，亚述人重新独立，接着就开始把原来骑在他们头上的领主一块块撕得粉碎。亚述乌巴利特一世（Ashur-uballit I）、图廓提–尼努尔塔一世（Tukulti-Ninurta I）和提革拉–帕拉萨一世（Tiglath-Pileser I），这些咄咄逼人、精力旺盛的亚述国王率领着他们日益令人胆寒的劲旅开疆拓土、抢夺资源。

亚述日益强大，终于引起了其他大国的警觉。赫梯人尤其是亚述的打击目标。赫梯帝国的领土恰好是青铜时代关键的国际通道，在支撑当时国际体系中相互联系的经济、外交与军事结构中是重要的，甚至是不可或缺的一环。如果赫梯帝国出了事，体系中许多其他国家都会受到波及。

公元前 1237 年左右，赫梯人在尼赫里亚（Nihriya）战役中被亚述人打败，被迫割地，重要的资源就此落入亚述人手中。[46] 如果一个国家因连年征战而国库空虚，因战场失利而损兵折将，因战败而被敌人夺走对恢复国力不可或缺的资源，它就堕入了战争的死亡螺旋。公元前 1237 年正值青铜时代压力倍增的时期的开端，所以，如果要在年代与涟漪效应之间建立关联，可以看到，亚述力量的扩张与一些地缘政治的重大变化相当契合。

总算下来，战争对交战国来说可以是好事，也可以是坏事。[47] 战争（和随后而来的征服）经常对征服国有益。这次看来是亚述得了好处。

战争对战败者是坏事自不必说，其实在许多情况中，战争对所有各方都没有好处。例如，到第一次世界大战的最后一年，4 年前开战的所有国家都元气大伤。各国经济在战争费用的重压下一蹶不振。战争给全球体系造成了破坏，这意味着即使没有参战的国家也深受其害。[48]

20 世纪初的那场战争产生的负面后果中，许多与我们讨论青铜时代完结时提到的因素相同。到 1918 年，拜"一战"所赐，欧洲除了战争和死亡外，还发生了饥荒和瘟疫。20 世纪初，天启四骑士在最先进的社会中往来驰骋，这完全是因为战争为它们打开了大门。所以，可以想象，赫梯帝国和另一个强国打了几代人的仗最终战败后，陷入了何等困境。

这段时期亚述的扩张战争是军事史上浓墨重彩的一笔，令人瞩目。不过，与之同时发生的还有许多不怎么起眼的冲突，是大国同实力上与自己完全不能相提并论的敌人之间的冲突。（这并不意味着这类冲突不重要。大国如果战败，可能会有很多人被杀。）例如，许多"野蛮"民族和部落逡巡在大国边缘，从不放过大国的任何弱点或任何打劫的机会。给赫梯人捣乱的"蛮族"是弗里吉亚人，还有我们知之不多的卡什卡人（Kaska 或 Gasga）。据赫梯人描述，卡什卡是一个剽悍狂野的部落，过去就曾洗劫焚烧过赫梯的首都。有些历史学家认为，随着赫梯国家实力的消退，它抵御这些部落的能力也不复从前。如果赫梯人因为同亚述这样的强国大打出手而力量减弱，可能就更加难以招架他们传统的“蛮族”邻居。归总来看，如果那些蛮族邻居因土地干旱和收成不好而遭遇饥荒、忍饥挨饿，这是不是他们进攻赫梯的原因呢？

如果认为主要是亚述人结束了米坦尼这个国家，[49]然后可能又给了赫梯人致命的一击，那意味着公元前13世纪左右发生了政治与军事巨变，足以触发连锁反应，打乱整个体系。

因素6和7：体系崩溃，多个原因

我们生活在一个由复杂的制度体系组成的世界中，有经济、文化、社会制度，还有行政官僚制度。一个相互联系的制度体系的运转需要许多因素协同运作，一处出事就可能导致全面崩溃。为此，多数体系都有一定的内在灵活性和冗余，以备压力增大、发生崩溃以及出现无法预见的情况等不时之需。简言之，它们有固有的韧性。但是，到了备用体系不堪重负之时，发生一个问题就会引发雪崩效果，波及整个体系，恰似经济上的传染病。所以，青铜时代从西班牙到伊朗，从北部意大利到努比亚的贸易网络中，地中海商业活动被打乱会影响到贸易网遍及的所有地区。

因贸易中断而得不到奢侈品和金钱固然影响巨大，但必须记住，青铜时代晚期贸易的一类重要货品是粮食。埃及人用船把粮食运往多个地方（包括赫梯人的国家），缓解那里的饥饿状况。如果船只无法到达目的地，就不是失去收入或生活水平降低的问题了，而是可能发生饥荒的大事。

人一旦没有饭吃，那么在某些情况下，一切法律、秩序和社会管控都会轰然崩塌。瘟疫如果足够严重，也能造成同样的结果。有时，无政府状态、革命和内战给社会造成的破坏比外来侵略者有过之而无不及。只要粮食太少或疾病太多，这种情形就会发生。

其他情况也能导致同样的结果。短期内大批移民（如利比亚人和海上民族对埃及的“入侵”）会破坏规矩，造成文化和友好共存的崩解。军事防御薄弱会使得本国人民和粮食供应容易遭到其他武装群体的掠夺。

一些专家认为，青铜时代的制度体系比较脆弱易损。它依靠高度集中的官僚化国家做支撑，由一部分富有的精英掌管着大批奴工，[50]很容易发生各种叛乱和社会骚动，好比法国大革命的古代版。如果不稳定的起因是制度体系不能给挨饿的民众提供粮食，那么归根到底是什么问题？是饥荒，还是脆弱、不公平的社会制度？如果海上民族的海盗行为在摧毁海上贸易体系中起了作用，那么破坏是海盗行为造成的，还是它所导致的贸易体系崩溃造成的？看到这里，似乎选择“多个原因”比较保险。

与祖先相比，也许我们不必太担心造成青铜时代崩溃的那些事情发生在自己头上，但是，我们却给自己加上了以前从未有过的新的潜在威胁：核武器、全球环境破坏、可能带来灾难的科学发明等。[51]另外还有一个历史上一直存在的威胁：某些无法预测的事件可能导致黑暗时代。你有生之年是否会发生体积吓人的小行星撞击地球，或者约塞米蒂的超级火山爆发，全看你在宇宙轮盘赌中的运气。

20世纪90年代初苏联的政治体系坍塌时，[52]苏联的一些继承国是否经历了好比小型黑暗时代的遭遇？那个动荡不安的年代中，继承国的过渡漫长而艰苦。在新成立的民族国家中，如俄罗斯，出生率和预期寿命双双剧降。酗酒和自杀率齐升；社会安全网毁坏无遗；军队和基础设施僵化萎缩；政治制度基础不牢，腐败不堪，一片混乱；自然资源任由出价最高或最腐败的投标人攫取。如果让一个世纪前的历史学家来写苏联垮台后的那段历史，他们会不会名之为"苏联衰亡史"？他们会不会把苏联之后的那个时期称为"黑暗时代"？

也许，一个社会、经济或文明的衰落期的长短是界定其是否为黑暗时代的关键因素。20世纪30年代美国的大萧条和20世纪90年代苏联解体后的混乱都持续了大约10年的时间。这么短的时间似乎达不到黑暗时代的最低标准。然而，如果它们的直接影响持续了一两个世纪之久，就足以将统计学上文明史的一刹那变为长期的下滑趋势。

关于社会崩溃的一种现代理论认为，由于21世纪的地球紧密互联，过去个别的或仅限于某地的"黑暗时代"产生的冲击现在可以由全世界和整个文明来吸收。[53]别的理论提出，任何可能发生的“黑暗时代”在深度和烈度上都会因现代的互联互通而减轻。所以，也许会发生又一场大萧条或超级大国的陨落，但是不会引发长达一个世纪的全球性衰落和技术后退。现代文明能够把风险分散到全球。这种冗余备份使得整个体系能够在一处发生骤停后继续运转不误。

不过，也许这是我们的偏见。也许这样的变化根本不是衰落或后退。全看我们决定使用什么标准。按照某些观点，也许不能将事情评判为好或坏……仅仅是不同而已。

之前我们说过，“进步”的概念有其固有的偏向。如果到后来某个时代，阅读不再重要，识字率因之下降，这是否表示那是个“（比较）黑暗的时代”呢？还是说其实人不过是根据需要调整了自己的技能？判断应该由谁来做？是我们这些回顾过去的现代人，还是实际生活在过去时代的人？过去的人对于什么算是好事的想法也许与我们不同。

这就引起了一个问题：实际生活在某个黑暗时代中的人是否意识到那是黑暗时代？如果你出生在公元前1000年的希腊，[54]你是否知道（或在乎）以前曾有过伟大的时代？比方说，一个孩子在1929年大萧条开始时出生在美国。他长到10岁时，世界仍深陷大萧条的泥潭不能自拔。对这个孩子来说，贫穷和低期望值是很正常的，因为他没有过别的经历或记忆。然而，他的父母却很可能感到日子越来越艰难。生活在一个已经过了技术、文化或经济的巅峰时代的社会中也许听起来是坏事，但具体个人的幸福感很可能会比较迅速地做出调整适应。如果好光景是两辈子之前的事，又怎能知道自己错过了什么呢？

也许我们看待事物的方法完全错了。假如今天的历史教科书告诉我们，本·富兰克林（Ben Franklin）所属的18世纪革命战争那一代曾驾飞船登陆火星，并且能完全治愈癌症（我们当然做不到，或者说尚未做到），我们会在乎吗？当然，我们想要过去那些看似比现在强的东西，但我们愿意相应接受过去的其他内容吗？举例来说，如果5个世纪前的一个美洲原住民有一颗蛀牙，她可能非常想用我们现代的牙医技术把它治好。但是，如果为了获得现代医学的好处，她必须在生活的所有其他方面都变成现代人，也许她就觉得不值得了。

最好时常提醒自己，对任何叙述或故事都要有许多不同的看待方式。像“黄金时代”和“兴起与衰落”这样的说法在我们思想中根深蒂固，于是我们很容易忘记，可能还有别的看待事物的方式。人类学家约瑟夫·特恩特（Joseph Tainter）说，罗马帝国在一些地区对公民横征暴敛，却几乎不提供任何服务，所以那些地区的一些民众对“蛮族征服者”表示欢迎，把他们当作解放者。

关于青铜时代也有类似的理论，认为地中海国家宫廷文化那种高度官僚化和税赋沉重的结构对大多数人民已不再合适，于是他们以这样那样的方式抛弃了它，或不再予以积极支持。在这种情况中，如果治理结构太过复杂、尾大不掉，或太过集中、不接地气，那么回归更简单的治理方法，由地方掌握控制权究竟是好是坏呢？[55]

同许多事情一样，对此问题的回答取决于提问的对象。可以肯定的是，至少过去的有些人会认为我们把他们的生活浪漫化了，误以为他们的时代是美满的“从前的好日子”。可事实是，在数百年的时间内，罗马帝国的各个继承国一直努力想把它（好歹）重新拼凑起来；在几个世纪的青铜时代完结后，一位名叫荷马的盲诗人就靠着讲述那个古老的英雄时代的故事为生。

4

尼尼微的审判

《人猿星球》上映21年后，在伊拉克北部摩苏尔城的一处考古现场，加利福尼亚大学的考古学家开始挖开一座外行人看来是自然长成的小山包。但是，它和该地区的许多其他小山包一样，其实是用砖石建造的一座建筑物，经过数千年风吹雨淋才变成这个样子。挖开2500年积聚的泥灰后，灾难的证据赫然显现：覆盖的土层下有一片毁坏和焚烧的痕迹。发现了武器的碎片，还发现了一条走廊似的结构，用石头砌成，碎石铺地。

然后，考古学家发现了尸体。

走廊里至少有12具骨架，有大人，也有孩子，还有一匹马。看起来尸体倒下后没有被移动过。没有迹象显示发生了抢掠，真要抢掠也很困难，因为那些人死去或将死时，走廊坍塌了，把他们埋在了下面。经调查后认为，在2500年前那个可怕的日子，走廊顶部坠落时已经起火燃烧，有些人是被活活烧死的。

如果事情发生后不久就发现了这个现场，情景一定惨不忍睹，但时间有一种净化作用，哪怕是大屠杀也不例外。人的血肉内脏均消失无存，面部表情也化为尘土。

后来，确定这个现场是Halzi门，是尼尼微（Nineveh）城墙上15个城门中的一个。作为雄踞美索不达米亚北部的亚述帝国的心脏，尼尼微可以说是古代世界最伟大的城市中心。

公元前650年左右，在尼尼微的鼎盛时期，城里和周边村庄的人口数量高达15万，覆盖面积约2000英亩*，差一点儿就到了3平方英里。宏伟壮观的尼尼微城是当时的奇迹，是亚述帝国的政府重地，也是自封为“宇宙之王”以及许多其他名号的帝国统治者的首要居住地。这座都市的防御固若金汤，城墙有60英尺高、50英尺厚，左右延伸各3英里†多，墙下挖有深壕。Halzi门本身高220英尺，两边排列着6座塔楼。

正如罗马时代的庞贝火山爆发把被火山灰包裹的人体定格在死亡的那一刻，Halzi门的死者也永远停在了他们临终的痛苦时刻。那些人体显示出明确无误的徒手搏斗的迹象，包括防卫伤，一些人体还清楚地显现了最后致命一击的痕迹。他们是和

---

* 1英亩约合4047平方米。

† 1英里约合1.6千米。

他们的城市一起被死亡吞噬的。

亚述人做了什么，竟然落得如此下场？

纵观人类历史，两种文化对各个历史阶段产生了巨大的地缘政治影响。第一种是自古以来连绵不绝的社会与文化，如中国文明和埃及文明。它们有过高峰也有过低谷，但在数千年的历史中，它们一直是不可小觑的政治力量，直至今日仍然存在。它们是长期的玩家。

第二种社会曾经显赫一时，后来却默默无闻。可以说它们在历史上有过高光时刻。蒙古人就是一例。今天，蒙古国处于世界事务的边缘，至少与我们所谓的“发达世界”相比，是个贫穷、偏僻、落后的文化。但是，蒙古人曾在数百年的时间内是大部分已知世界的统治者。数百年似乎很长，与古亚述人的辉煌相比却只是弹指一挥间。

青铜时代和铁器时代，亚述南边伟大的巴比伦王国一直是亚述帝国的大敌。巴比伦王国的首都巴比伦在现代巴格达以南约55英里处，是人类历史上最伟大的城市之一。它可能是历史上第一座居民超过20万人的大都会，鼎盛时期的人口也许是这个数字的两倍。值得注意的是，那时现代环卫和现代医学均付阙如，又有如此众多的居民如此紧密地比邻而居，而巴比伦居然做到了基本上瘟疫绝迹。（巴比伦在北方大敌亚述帝国垮台后仍屹立不倒，成为后来新世界中的前代故城。）

亚述帝国灭亡约200年后，一位名叫色诺芬的希腊将领记录下了他与往昔辉煌的亚述留下的残片遗迹的遭遇，一些比他在希腊看到的任何城市都更大更强的城市如今仅剩断壁残垣。色诺芬写的《远征记》现在成了西方文学的经典，里面叙述了他指挥希腊雇佣军参加一场波斯内战的经历。他们帮助的那一方战败了，色诺芬带领1万希腊士兵在敌军的追击下且战且退，无意中在今天伊拉克北部的沙漠中发现了巨大的碉堡和城市衰朽破败的遗址，它们代表的那种宏伟浩大的工程是色诺芬所属的希腊文明从未产生过的。色诺芬在近2500年前写道："那天剩下的时间，希腊军队安全行进，到达了底格里斯河。那里有一座被遗弃的大城，叫拉里萨（Larissa），过去曾是米底人居住的地方。它的城墙厚25英尺、高100英尺、周长6英里。墙体用泥砖砌成，下有20英尺的石头墙基。"

后来，他们又发现了另一个城市。

> 他们从这里启程走了一天，跋涉18英里，来到了名叫麦斯匹拉（Mespila）的城附近一座无人防守的大要塞……要塞的基部是打磨过的石头，里面嵌着许多贝壳。基座有50英尺宽、50英尺高。上面建起的砖墙宽50英尺、高100英尺。要塞的周长有18英里。

按照希腊的标准，这些城市巨大无比。色诺芬向当地人打听这些城市的由来时，听说它们是米底人建的，因为当地原来是米底人的地盘，后来才由波斯帝国当政。但其实那些不是米底人的城市，而是亚述人的。"名叫麦斯匹拉的城附近"的那座要塞据信是尼尼微。使色诺芬为之惊叹的是这座雄伟的城市陨落200年后的遗迹。

今天，我们把色诺芬视为生活在旧世界中的人。毕竟，古希腊是很早的欧洲文明。但是，他看到的是在他的时代已经算是古老的东西，相当于埋在沙子里的自由女神像。一个200年前还是超级大国的近东帝国现在却完全销声匿迹，当地人甚至不知道这块土地以前的主人。[1]

亚述所属的美索不达米亚文化在消亡之前相当于人类文明1.0。巴比伦和亚述代表着那个文明的巅峰，乌尔、阿卡德和苏美尔等地发展得日益强大、复杂、发达。它们构成的文明之树大致完整连续，比后来的任何文明都更持久。来做一个对比：如果把现代文明的启端定在文艺复兴运动开始的时候，那么它至今持续了五六百年的时间。而按照不同的定年法，亚述和它所属的世界延续的时间比现代文明长3~5倍。亚述人自己的记录显示，他们的国王一脉连续不断，一直追溯到公元前24世纪，[2]而他们最伟大的城市尼尼微是大约公元前600年消亡的。这样算起来，亚述作为可辨识的地区实体就存在了近2000年。通常认为欧洲文学最古老的作品是荷马史诗，年代在公元前1000年至前800年；相比之下，美索不达米亚的《吉尔迦美什》史诗写成于公元前2100年左右，作为口述故事的历史更久。文明1.0植根久远。

很难弄清楚这个文明的城市化程度如何，以及它同我们自己的现代社会有多少相似之处。看一看青铜时代和铁器时代的地中海和西亚地图，可以看到它很像第一次世界大战之前20世纪初的欧洲地图。几个强国通过外交和结盟彼此交织，打仗时经常组成联盟，正如第一次世界大战时的三个协约国和同盟国，还有第二次世界大战时的同盟国和轴心国。

按照这个类比，亚述人相当于德国人，因为德国人一贯以军队强悍著称，不仅在20世纪，而且历史上从来如此。对此经常提出的一个解释是，现代德国所在的地区四周强敌环伺，没有天堑可守，因此难以防卫。从社会达尔文主义的角度来看，也许可以说，只有顽强善战的民族才能在这样的地方生存下来。对亚述人也常有类似的评论，因为古亚述也是被其他强国团团包围，缺乏天然边界，所以，亚述人要生存，必须非常顽强、非常集中、非常高效、非常善战。

正如历史上大多数强国一样，古尼尼微的居民不可能想到他们的文化会被从地图上抹去。

尼尼微的覆灭也许是世界历史上最重要的地缘政治事件之一。它肯定是近东铁器时代唯一最重要的地缘政治事件。它可以与第二次世界大战中的柏林失陷相比，因为它标志着一个帝国彻底完结。但是，纳粹德国的灭亡代表着一个12年政权的倒台，而亚述的完结却意味着一个古老强国从此不再。特别是在邻国人眼中，亚述人等于圣经时代的纳粹。[3]亚述人对自己做的那些伤天害理的事情好像还扬扬得意。他们雕刻的精美石雕描绘了他们的大军作战的情景，还有他们的国王对胆敢起来反叛的人进行的惩罚。这些浮雕宣扬的暴力行为有一些放到今天就是反人类罪。

好像这些令人毛骨悚然的石雕还不够，亚述的历朝国王还用楔形文字记录下了他们的暴行。读到他们对自己功绩的描写时，会感到亚述不是只有一个统治者像希特勒那么坏，而是所有的统治者都一样坏。亚述的皇家浮雕显示的“宫廷”艺术风格是种族灭绝的风格。

以最残暴的亚述王，亚述拿西拔二世（Ashurnasirpal II，约公元前883年—前859年）为例。关于处理叛乱的方法，他是这样说的：“我在城门上建起一座高塔，把所有叛乱的首领都剥了皮，把他们的人皮包在塔上。我把他们中有些人砌在塔里，有些人用木棍钉在塔上，还有些人捆在塔周围的杆子上。对参加叛乱的皇家军队军官，我下令砍掉他们的四肢。”

亚述拿西拔二世还描述了用火烧俘虏，把他们割鼻切耳、剁指剜眼的暴行。至于成千上万其他参加了反叛的人，他们虽然逃脱了被火烧死、被砌在砖塔里或被砍头断肢的命运，却像牲口一样被赶入酷热的沙漠，干渴而死。

若以为亚述拿西拔二世是个反常现象，请看几百年后的另一位亚述国王，亚述巴尼拔（Ashurbanipal）。他在战斗中打败了埃兰人还不满足，对埃兰人的祖先也不放过，要让他们死后也不得安生。他这样描述了他的所作所为：“他们以前的历代国王不畏惧我的主公阿舒尔*和伊斯塔尔†，还骚扰我的父辈，于是我捣毁了他们的陵墓，将其打烂暴露在阳光之下。我把他们的遗骨带回了亚述。我诅咒他们的影子无法安宁。我让他们得不到食水祭祀。”[4]

许多历史学家会指出，亚述人的这种行为在当时很普遍，大肆吹嘘自己的残暴有实际目的。许多人认为，亚述人建立了人类历史上第一个大帝国，在它之后的每一个帝国对亚述人治理行政的策略和手法即使不是全盘接受，也多有采用。要使子民乖乖听话，一个常用手段是实施某种形式的国家恐怖主义。这个办法历史上多次被使用，所以我们今天对它很熟悉。将造反的城市、地区和民族彻底摧毁，使用雷霆手段实施报复，这样做的目的是使被征服的民族不敢乱说乱动。但镇压经常滋生不满，于是，镇压叛乱、严惩乱民就成了亚述人永远也做不完的事。亚述人要确保怀有异心的人明白造反的后果。考古发掘出来的一些描绘恐怖场景的石雕就是为了让等待国王接见的人看后心生恐惧。想象一下你作为一个闹事城市的总督被国王召见。你到达王宫后，赫然看到石雕上描绘着胆敢抗拒亚述的城市及其显赫居民的下场（可能还上了彩色）。在一处亚述宫殿遗址找到的一幅浮雕显示了一个造反的总督达纳努（Dananu）遭到可怕的酷刑和被处决之前的情景。浮雕上，达纳努走在去刑

---

* Ashur，亚述人崇奉的主神和战神。

† Ishtar，巴比伦和亚述神话中司爱情、生育及战争的女神。

场的路上，脖子上挂着他的一个同谋者被砍下的头颅，经过他身边的亚述人纷纷咒骂他，向他吐口水，还殴打他。[5]光是脖子上挂着人头就够令人毛骨悚然的了，这个人头属于自己认识的人就更可怕，心理上更受折磨。《圣经·旧约》可以证明，古人把这种精致而血腥的象征手法用得炉火纯青。

虽然许多历史学家说，这种行为并非出于有意的残酷，不过是控制帝国的手法，但我们不禁猜想亚述人也许乐在其中。亚述巴尼拔把埃兰夷为废墟后，他的军队带回了埃兰国王的首级，亚述巴尼拔将其挂在花园里的一棵树上，这样，他在和嫔妃们饮宴时抬头就能看到。这个可怕的场景也被刻在了石头上，该浮雕至今陈列在大英博物馆里。国王此举是什么意思？是因为他在大吃大喝的时候看到敌人死去的面孔感到开心吗？还是说它是象征性的，国王吃饭时其实旁边并没有一个死人头盯着盘子？无论如何，他想要每个人都相信他是看着敌人的首级吃饭的。亚述拿西拔二世把俘虏活剥皮的时候，显然把宝座安在了他能看得到行刑过程的地方。这是他身为国王的责任的一部分吗？还是说活剥人皮太好看了，不能错过？仍然有许多历史学家会说，亚述帝国使用这些手段维持了统一，因而创造条件推动了文明的进步。贸易通道，稳定性，防御外部野蛮人的攻击，这些都是传统的帝国利弊理论中常说的利。[6]亚述帝国不是第一个靠残酷镇压反对力量来维持的国家，也不是最后一个。

这种残暴，甚至罪恶的治理帝国的方法也许有用，但它造成的反冲给“种瓜得瓜，种豆得豆”这句话赋予了新的含义。亚述的各个邻国终于得到了机会时，它们把这个主宰美索不达米亚的帝国摧毁得如此彻底、如此迅速，结果如前所述，仅仅过了两代人的时间，后来的社会似乎就对它以前的伟大一无所知。

那么，到底发生了什么？

亚述的衰落不像罗马帝国的衰落过程那样漫长而缓慢。最后一位伟大的亚述王，前面提到的亚述巴尼拔在亚述帝国领土扩张的巅峰时期继承了王位，统治了40多年。[7]但是，他在统治末期连遇挫折，霉运不断。他死后不久，帝国即告解体。讽刺的是，亚述帝国衰落的一个原因正是它对周边民族的征服。亚述帝国早期那几个世纪，军队全部由来自帝国腹地、身强力壮且对帝国比较忠诚的亚述人组成。到帝国末期，军队里亚述人越来越少，雇佣军越来越多，从被亚述征服的地方征募的兵员也不断增加。亚述军队在组织和制度上仍然出类拔萃，但兵力比以前弱了不少，士兵的忠诚度也大不如前。

此外，在亚述，和在古代美索不达米亚的其他所有国家一样，王位继承总是一波三折。老王死后，儿子们为争夺王位经常大打出手。另外也常发生政变。纵观亚述历史，内战是家常便饭，好几个国王被王子所弑。改朝换代的王位之争给亚述造成的破坏也许比敌国更甚，正是这样的争斗打开了尼尼微的毁灭之门。[8]

不过，亚述历史上类似事件所产生的后果并非总是负面的。堪称亚述历史最光辉的时期[9]就是以一场特别严重的政变开始的，那场政变也许可以同1917年布尔什维克夺取沙皇俄国相比。公元前745年，亚述王显然全家被灭了门，一个后来为自己起名为提革拉-帕拉萨三世的将军登上了宝座。是提革拉-帕拉萨三世把亚述军队重新组建为古代世界绝无仅有的一支组织严密、战术精良的劲旅。亚述是大型定居社会中第一个使用现代意义上经过操练的骑兵，也可能是第一个具有真正现代意义上的总参谋部的，[10]还是第一个时常动用大量兵员的，一次就用兵5万，全帝国动用的兵员甚至高达30万。想一想把如此之多的人投入战场得需要多少后勤工作！在大军跋涉数百英里、穿越各种崎岖地形的时候，要供应他们吃喝、满足各种需要，而且这是在《圣经·旧约》描写的那个时代。[11]

在亚历山大大帝之前，亚述的军队训练有素，可能比亚历山大的一些军队还强。回头看看中东历史上所有伟大的军队，可以发现，它们大都有一个短板，那就是缺乏以密集队形作战的纪律严明的精良步兵，而那样的步兵可以肩并肩地与敌人的冲锋队展开近身肉搏。罗马军团和希腊重装步兵都是这方面的例子。西亚的骑兵一直在世界上数一数二，但步兵从来不是强项，与欧洲的无法相比。亚述人却与众不同。他们军队的主力是经过严格训练的步兵部队。步兵作战单位经常把弓箭手和长矛手编在一起，确保了战术上的巨大灵活性。[12]

作为名副其实的所谓“圣经时代”的帝国，亚述有着出色的战车部队。真正的骑兵[13]出现之前，军队把马套在车子和战车上，以这种办法来利用马匹迅速奔跑的力量。亚述和多数其他国家一样，使用快速的轻型战车，乘车的通常是弓箭手。大约公元前900年以后，随着真正骑在马上的人在侦察和追击这类需要快速行动的任务中开始取代战车御手，战车开始变大变重，作用也有了演变。亚述巴尼拔时代（公元前686年—前628年）[14]的战车已发展为巨大的四驾马车，车里有3到4名战士。这种战车相当于圣经时代的坦克或装甲车。战场上的敌军看到这样的庞然大物一定惊骇莫名。数百辆战车一字排开，以每小时10或15英里的速度在原野上轰鸣而来，随着战车越来越近，战车上的武士开始对敌军放箭，接着战车马上就会直接撞入敌军的密集队形。面对这一切，敌军在心理上一定难以承受。战争在很大程度上比的是勇气、士气和临危不乱，[15]我们不妨猜测一下，面对汹汹而来的大批战车，有多少步兵编队能不惧碾轧、坚守阵地。[16]那个时代，战车车轮本身就有6英尺高，钉满了金属钉，（亚述的一份叙述说明）这样做很有必要，否则战车在满地血污中会打滑。

骑兵是亚述军队中最令人恐惧的部队，他们可能是历史上第一支按照现代标准操练和组织的货真价实的骑兵。[17]古老的《希伯来圣经》中多处将其描述为“霹雳”和“旋风”。公元前1000年后，骑马弯弓的蛮族辛梅里安人和斯基泰人从今天的俄罗斯南部呼啸而来（他们是当时当地对文明世界最大的军事威胁，可能也是《圣经》所说的歌革和玛各的原型）*，亚述发展骑兵很可能就是为了对付这些蛮族人。许多历史学家说，亚述人立了功，拯救了肥沃新月†的文明使其不受野蛮部落的侵袭，因为只有他们的军队有足够的力量、灵活性和兵员来击退蛮族的入侵。否则的话，人类历史就可能大大改写。亚述人的确残暴，但是他们的行为也许拯救了西亚的铁器时代文明，使之逃脱了在蒙古人或匈人铁骑的老祖宗手中遭到强奸、掠夺和暴行的命运。[18]

然而，当时与亚述人为敌、惨遭他们屠戮的人却不像后来的历史学家那么感恩。一般以为，“文明保全者”的行为是出于大公无私或英雄情怀，其实，亚述人也许只是要保护他们征服而来的土地和财产不致落入别人手中。亚述人创立精兵雄师，不仅为了保卫国家，也用来扩大利益。扩大利益的行动包括大规模海盗行为。亚述人几乎每年都为了劫掠而发动远征，大肆抢夺。这样的袭击对维持亚述经济繁荣至关重要。

这里有一份对一个弱小对手的劫掠成果目录，其内容可使我们对那个地方、那个时代的动产和资产获得充分的了解：

> 40 辆配备人、马的战车
> 460 匹已经被驯服的马

*《圣经·新约》中说，歌革和玛各这两个民族受到撒旦迷惑，必将作乱。
† 指美索不达米亚平原。

120 磅* 白银

120 磅黄金

6000 磅铅

6000 磅铜

1.8 万磅铁

1000 件铜器皿

2000 个铜平底锅

各种铜碗和大铜锅

1000 件色彩鲜艳的毛料衣服

各种木制写字板

统治者宫殿里的象牙嵌金床榻

2000 头牲畜

5000 只羊

1.5 万名奴隶

一些贵族家的女儿，外带嫁妆

统治者的妹妹

每年进贡 1000 只羊、2000 蒲式耳† 谷物、2 磅黄金和 26 磅白银

弱小国家经常被剪羊毛，近东其他大国则面临更永久的破

* 磅是英美制质量或重量单位。1 磅约合 0.45 千克。

† 蒲式耳是英美制容量单位。英制 1 蒲式耳约合 36 升，美制 1 蒲式耳约合 35 升。

坏。位于今天伊朗的埃兰是亚述的长期死敌，被亚述“永久粉碎”过若干次。显然，征服的效果不像自吹自擂的亚述国王想象的那样永久。离亚述近得多的巴比伦是另外一个问题，亚述人也从来没能把它解决好。亚述对巴比伦一贯比对大多数其他敌国更好，因为巴比伦是古代世界的文化中心，相当于当时的巴黎。许多历史学家把巴比伦与亚述的关系比作希腊与罗马的关系。罗马人在军事上更强，但他们真心崇拜希腊文化，在雕像、哲学、文学和建筑等方面都学习吸纳了希腊文化。亚述人对巴比伦古老的、在当时当地属于非常先进的文化抱有同样的态度。这种尊敬和崇拜使巴比伦逃脱了其他众多城市和国家在亚述人手中遭遇的命运。

但是，每个帝国的耐心都有限度，（亚述人试着采取“怀柔”做法）以“刺儿头”出名的巴比伦人又发动了一次叛乱后，亚述国王辛那赫里布（Sennacherib）终于受够了。公元前689年，他发动了可以称为巴比伦问题“最后解决”的行动。石头浮雕刻下了这位亚述国王对接下来发生的事情的叙述：“我如同飓风向它发动猛攻，如同风暴将它一举推翻。对城中居民，我不分老幼杀个精光，他们的尸体填满了大街小巷。对城市以及里面的房屋，我从地基到房顶全部摧毁。我纵火把全城烧成平地，将来就连他们神庙的所在地都会被遗忘。”

历史学家格温·戴尔说，辛那赫里布把巴比伦毁得如此彻底，效果堪比原子弹。事实上，古今之间的唯一分别是，古时要完成同样的事情，需要多得多的人力。亚述全靠士兵把墙壁推倒，把整个城烧毁。（设想一下，得需要多少人力才能夷平广岛或长崎？）

除了杀死巴比伦的居民外，愤怒的“世界之王”还引来一条河淹没了巴比伦，并在土壤里加了盐、种上荆棘，把环境破坏殆尽。

亚述帝国的完结也许部分是由于它的成功。亚述人四处征战，打败了中东一些最凶悍的部落。有些历史学家认为，即使在亚述人离开后，很多被打服的民族依然老老实实。波斯帝国取代亚述帝国后，可能不需要像亚述人那样残暴，因为亚述人已经把本来可能会构成威胁的部落、民族和国家制服了。[19]甚至有人说，3个世纪后亚历山大大帝入侵波斯之所以轻而易举，就是因为整个地区经过和亚述几个世纪的战争后，已经被套上了帝国的轭具。

寻找大国衰亡的原因从来都不容易。至于亚述，内战和穷兵黩武是公认的原因。亚述几位伟大国王中的最后一位，摧毁了巴比伦的辛那赫里布是被自己的儿子刺杀的。传说他在祈祷时被从后面打得脑浆四溅，凶器是代表着巴比伦神祇的一具宗教偶像。巴比伦人认为，这是对辛那赫里布毁掉巴比伦的报复。继承王位的以萨哈顿（Esarhaddon）可能也是这么想的，他马上着手重建这座伟大的城市。（谁也不想招致神祇的愤怒。）

以萨哈顿是辛那赫里布的儿子，他把国内的叛乱扔在一边，做了他的前辈想做却没有做的事——出兵埃及。一些历史学家说，亚述这次对一个如此广袤、强大、遥远的国度发动征伐，可谓贪多嚼不烂。威力犹存的亚述军队在战场上打败埃及人没有太费力气，可是，控制埃及却成了费钱费力的梦魇。亚述国内的骚动不断发酵之时，亚述军队的主力却长期陷在埃及的泥沼里难以脱身。这是典型的帝国困境：军事战线拉得太长。

与此同时，亚述屡次击溃昔日强盛的埃兰人，在当地造成权力真空，于是，在今天的伊朗西部，一个过去毫不起眼、默默无闻的部落趁机崛起。这个部落民族在历史上被称为米底人，他们开始聚合为组织更加严密的国家，国王名叫基亚克萨雷斯（Cyaxares），据说他父亲是被亚述人杀害的。都说是基亚克萨雷斯重组了米底军队，将其打造成一支劲旅。[20] 以萨哈顿的大部分军力被牵制在埃及之时，米底开始成为亚述很久以来都没有遇到过的麻烦。

公元前615年，基亚克萨雷斯攻打亚述。最初出师不利，但次年他卷土重来，摧毁了亚述帝国的宗教中心——故都阿舒尔（Ashur）。此事石破天惊。一直在寻找机会摆脱亚述统治的巴比伦人如鲨鱼嗅到了血腥，他们在阿舒尔被毁的城墙下举行了与米底军队结盟的仪式。一个强大的反亚述联盟开始形成。[21] 按照巩固结盟的传统做法，基亚克萨雷斯把女儿嫁给了巴比伦国王。今天回顾那段遥远的历史，也许可以说大局的转折点就发生在斯基泰蛮族的骑兵弓箭手同米底人及巴比伦人联起手来，三支力量在公元前612年挥师尼尼微之时。

几次战役加上3个月的封锁后，这个伟大的古代大都会终于陷落。米底人对待尼尼微如同亚述人对待米底的任何城市一样残酷无情。据传说，亚述的末代国王把他所有的奇珍异宝都堆在身边，在联军打破尼尼微的城墙时举火自焚。

现代考古学家在尼尼微遗址发现了陶器残片，在护城河里发现了为方便攻城而扔进河里的上釉的砖和其他物品的碎片。他们也发现了城墙上打出来的缺口。在层层灰烬和烟炱当中，还发现了证据，表明熊熊大火的高温甚至融化了玻璃，现场各处都发现了清楚地显示遭到致命暴力的人的遗骸。

《圣经》里预言了亚述灭亡的先知为它写的墓志铭：

看我必攻击你——万军上主的断语……

凡看见你的
必逃避你，说：
“尼尼微终于毁灭了！谁会向她表同情？”
我从哪里能找到安慰她的人？

你的疮痍无法医治，
你的创伤是致命伤。
凡听到你这信息的
都朝你鼓掌，

因为有谁没有时常受过你的虐待？*

200年后，色诺芬偶然来到这片废墟时，那里甚至没人知道它曾属于亚述。然而，不管原来的建城者是谁，这座幽灵城市都默默地见证着他们的伟大和威严。

我们认为这样的厄运不会落到自己头上。但曾几何时，亚述人也是这样认为的。

---

*《圣经》经文引自中国天主教教务委员会1992年批准发行的版本。

5

蛮族的生命轮回

众多因素共同组成一个复杂互联的体系，保证我们社会的存续，为我们提供能源、食物以及保护我们的军队和警察。我们对这些通常不会多想，好像那是天经地义。金融系统似乎是自主运行的。电网也是如此；除非暴风雨造成断电，只能点起蜡烛，等待电力公司来修复，否则大多数人根本不会注意到电网。但是，如果电力永远不会完全恢复呢？对如此依赖现代设施的我们来说，一旦现代化发生了我们所不能控制的永久性的减弱，该如何应付？

没有哪一代人具有我们这样的能力，或像我们这样如此高度依赖这样的能力。我们有一个固定的思维模式，认为应不断改善、加大现代化。这里面一个隐含的假设是，人的能力会不断进步，技术创新发明的步伐只会越来越快。

这也许是单向思维，但它基本上反映了许多世纪以来的发展。我们逐渐忘了事态也可能反向发展。这也情有可原，毕竟，上一次事态反向发展是在什么时候？

罗马帝国的灭亡可能是最典型的例子。英伦诸岛罗马化地区的经历应该算是最突出的具体案例。众所周知，公元前55年，尤利乌斯·恺撒率军渡过英吉利海峡，这是罗马这个地中海强国首次踏足海峡另一边那块雾气缭绕、（至少对非当地人来说）鲜为人知的土地。关于与他作战的当地人，恺撒[1]说，他们在文化上与他在高卢[2]遇到的凯尔特部落很像，他们驾驶着战车作战，许多武士把皮肤染成蓝色，为的是使自己在作战时看起来更加凶猛可怕。恺撒描述说，按照罗马的文化与技术标准来看，当地人比较原始。在几次战役中将他们击败后，恺撒挥师再渡英吉利海峡返回欧洲大陆，奔赴意大利。罗马大军再次到来时，不列颠的部落民族已经有了近一个世纪休养生息的时间。公元43年，一支罗马远征军渡过英吉利海峡，击败了当地人并将其制服。罗马人采取了通用的办法，大开杀戒、严厉镇压。在今天可能会称为镇暴的战争中，罗马人的残酷经常被认为理所应当。当时，罗马人的行为在当地造成生灵涂炭。但是，当地人被征服后，他们的后代获得了长期的巨大收益。罗马人给世界许多地方带去了人们常说的“文明的赐福”。[3]不过，他们最终离开回家时，经常把赐福一起带走，而那就标志着当地漫长的衰落过程的开端，恰如自由女神像在沙子里慢慢地越陷越深。

罗马统治下的不列颠是世界历史上一个伟大而先进的帝国的一部分，之后却迅速丧失了这一地位。生活在今天的我们对那种情形很难感同身受。几个世纪的罗马式生活把原来的“野蛮”部落民族变成了“罗马-不列颠人”，他们享受着有热水的公共浴室、雄伟的公共建筑、出色的公路、高大厚重的城墙及各种碉堡和防御工事——这一切都由来自帝国各地的罗马士兵照管。不列颠人联入了伟大的地中海和近东文明的“电网”（其根源可回溯到古老的美索不达米亚文明）。然后，公元5世纪初，这个直接联系被打断。意大利告急，需要调用支持不列颠的部队和资金。在对不列颠实行了几个世纪的行政治理后，罗马皇帝实质上等于告诉不列颠居民，他们得自己照顾自己了。

罗马力量退去100年后，不列颠居民的生活每况愈下。这种事若是发生在今天，如果一个中央政府放弃了对某个地区的全部权力，会产生何种结果？几乎立即会发生粮食和燃料短缺；随着制度和结构的退化降级，其他问题也会慢慢浮现。

借用电力的比喻来说，罗马帝国解体后，灯继续亮了多久呢？外围行省的公共浴室在多久以后才坏掉无法再用？也不再有人知道如何修理，或者能找到修理材料？供水用的渡槽呢？谁来守护阻挡敌人和入侵者的护墙和工事？如果不再收税，也不再分配税收收入，拿什么来支付必要开支？谁来接替本应由政府担负的基本作用？

关于“罗马帝国的灭亡”[4]提出了数百种可能的情景。一些专家认为，正如其他的“灭亡”一样，罗马帝国没有戏剧性地猛然“坍塌”，而是发生了过渡，可以说是换了管理当局，也许比罗马的行政机关更能满足当地人民的需要。无论实情如何，都难以无视一个事实，即在许多原来是西罗马帝国行省的地方，新的管理人虽然通常都努力维持罗马人的做法，但他们是日耳曼人。

展开公元600年前后的地图看一看曾属于罗马帝国的地盘，可以看到这个帝国崩裂后的情景。罗马帝国的确陷入了四分五裂。它在北非的土地被一个叫汪达尔的日耳曼部落占领。西班牙和现在法国西南部的一些地方落入了西哥特人手中。勃艮第部落掌管着现在法国的东南部。今天的法国北部由一位法兰克“蛮族”国王统治。原为罗马帝国心脏的意大利归了东哥特人。许多原属罗马帝国的领土落入了更小的统治实体手中。公元400年，所有这些地方还都是罗马的。许多地方的“蛮族”军阀尽量做到萧规曹随。历史学家克里斯·威克姆（Chris Wickham）写道：“较大的西方政体都保留了罗马的统治方法，但军事化程度更高。它们的财政结构较弱，彼此间经济联系较少，内部经济也经常比较简单。”他还补充说：“‘蛮族’军队占领了一个又一个罗马行省，但沿袭了罗马的管理方法；所以，好像什么都没变，其实一切都变了。”

事情是怎么发展成这个样子的？罗马帝国在其鼎盛时期（公元100年前后）可能是世界上最伟大的国家。当时只有中国的汉朝能与它分庭抗礼。罗马帝国高度复杂完善，版图辽阔，人口多达7000万，[5]把“蛮族”治得服服帖帖。罗马也是人类历史上最强悍善战的国家，这一点绝非偶然。如果罗马没有有史以来世界上最出类拔萃的军队，就根本不可能建成帝国。[6]

罗马军队至今仍是现代军事历史学家孜孜研究的对象。如同对古代其他军队一样，今人对罗马军队在战场上作战的组织调动仍未完全弄懂。帝国巅峰时期，罗马军队是多民族军队，兵员自帝国各处招募而来，都是有长期行伍经验的职业军人，遵从长达几个世纪的传统制度。部队纪律严明、训练有素、由国家提供装备、士气高昂。基本作战单位由著名的百夫长领导，罗马军队在战场上能够为大多数其他军队所不能为。[7]罗马军队是个出色的例子，使我们见微知著，得以了解古代世界其实是多么复杂先进。仅仅是给作战部队提供给养就需要强大的后勤能力，而我们通常想不到古代社会能具备这样的能力。整个罗马帝国日常养兵30万~50万，[8]由他们负责把守从北不列颠到北非、从西班牙到叙利亚的哨站。

罗马军队在作战中锐不可当。历史学家阿瑟·费里尔（Arthur Ferrill）写道：“与前现代军事史的一般规律相反，罗马人即使打了败仗，也能给敌人造成惨重伤亡。罗马军队通常败而不溃，而最惨重的伤亡恰恰发生在溃败逃跑的时候。罗马军队如果对缺乏训练的部队作战，即便敌众己寡，也可战而胜之。只有当罗马军队遭到突袭，地形又不利的时候，蛮族才有机会赢得战术性胜利。”

如果把罗马军队搬到1000年后，恐怕直到中世纪的鼎盛时期它都会打遍欧洲无敌手。[9]今天最强的军队如果放在未来多年后还能继续立于不败之地吗？

如果邻国和罗马相安无事，通常是由于下列三个原因中的一个：

1. 它们已经被打败了。许多与罗马和平相处的国家都是罗马的附庸国，或者被纳入了罗马的版图，它们的居民经常成为罗马的公民。

2. 它们尚未被打败。有时，罗马自己偶尔的虚弱（像任何立国长久的国家一样，罗马的国力也时强时弱）使得它通常咄咄逼人的外交官不得不与邻国缔结长期和平关系。这样的关系经常在罗马运气转好后无疾而终。

3. 罗马不知道它们的存在。

第三点反映了人类历史早期的情况。我们现代人偶尔会无意中在一个非常偏僻的地方发现某个迄今为止不为人知、完全与世隔绝的群体。在古代和中世纪，不知道地图上某个点以外的世界是什么样子，无意中撞上一个原来不知道的国家、文化或民族，这种情况不仅是可能的，而且随着帝国的扩张是不可避免的。

当今时代，世界所有地方都绘制了地图，卫星图像使我们对整个地球表面都了解得详尽无遗。如今，地图上不再像过去那样，用海怪的形象来代表位于天涯海角的那些未被绘制或不为人知的广袤土地。假如现代制定防御战略的人对地球的另一面如同对月球暗面一样毫无所知，却需要对其做出解释并为之做出计划，恐怕他们不会知道从哪里下手。未被发现的半球都藏着什么？从文明的一端到另一端皆有可能，也许是如同 H.G. 威尔斯（H. G. Wells）所著《星球大战》（*The War of the Worlds*）中描写的那种世界：一个技术更加先进、迄今不为人知的社会突然侵入帝国所在的半球，把帝国的军队打得落花流水；也许是另一个极端——与尼安德特人相差无几的原始野蛮人从未知的黑暗世界中现身，冲向帝国的防线。

过去的军事计划者多次遇到这种情形。[10]

现代人如果新发现了一个在技术、经济和复杂程度方面都远不及我们的社会，不会感到特别害怕，但是，历史上最令人惊骇的一些民族恰恰是这类民族，他们是我们所谓的“蛮族”。

“罗马人”和“蛮族”两个词密切相连，主要是因为后者夺走了前者的西部领土。但是，早在罗马人出现之前，就有了所谓的蛮族。普遍认为，“蛮族”都是满腮胡须、头戴角盔、手挥战斧的坏蛋，他们膜拜自己的英雄神祇，酗酒无度，打起仗来像一群疯子。这样的观念建立在特定时期和特定文化的基础上，与古希腊的观念不同。“野蛮人”的词根是古希腊人发明的，基本上包括除希腊人以外的所有人。[11] 许多不同的人，应该说是大多数人，都被归为蛮族。罗马人也采用了类似的定义，经常把波斯人和迦太基人这样非常发达的民族也算作“蛮族”。

不过，定居的农业国家和社会长期以来一直把“蛮族”用作贬义词来形容部落民族和游牧民族。今天，我们想到野蛮人时，脑海中的刻板印象是：凶悍粗野、大字不识、危险可怕，几乎像孩子一样对美好的地方和东西毫不珍惜地大肆损毁。

任何一个古代城邦在最初形成的过程中，附近好像都有野蛮人、游牧民族或部落。这些部落经常在农夫和城里居民不肯涉足的穷山恶水安营扎寨，比如在山区、沙漠或不生树木的大草原。两边有贸易来往，有互动，有外交，也有摩擦。城邦经常能够制服当地的部落或游牧民族，有时也被他们制服。

在公元前8世纪意大利那段隐约缥缈的半神话的历史中，罗马城就是这样诞生的。公元前4世纪和前3世纪，罗马发展成为一个小城邦，与仅有一天路程以外的邻国战事不断。两个世纪后，它膨胀为横跨当时所知的所有三个大陆的广袤帝国。[12]

罗马作家李维写道，罗马征服世界是为了自卫。但这位爱国作家提出的这个主张自我中心的味道未免太重。[13]他依据的假设是，征服和粉碎危险的敌人是为了在不稳定的边境地区实现和平，但边境地区的和平好像永远不能持久。打败了旧的敌人，又总是有新的敌人冒出来（通常还更加凶猛顽强）。例如，恺撒征服高卢，稳定了高卢的局势，但是莱茵河从此成了罗马的新边界，那里的强悍部落成了罗马的新邻居。那些部落原来让高卢人头痛，现在成了恺撒的问题，并将永远是罗马的问题。从罗马人的角度，一定看起来似乎每一个野蛮部落后面都有另一个更加野蛮的部落，无穷无尽，一直延伸到地球尽头。

保证边界安全到哪里算是头呢？

罗马最危险的“蛮族”敌人不是来自像高卢这样近在眼前的地方，而是来自罗马够不到的地方。那些地方如同火山爆发造成新岛屿一样，似乎在不断产生新的凶猛部落和民族。这是一个很有意思的历史—人类—地理现象。那些地区有时被称为“民族子宫”或“部落工厂”，最出名的是阿尔泰山脉（Altay Mountains）[14]一带。那片偏僻、苦寒、崎岖的草原可能是历史上一大批马背上的中亚游牧民族的发祥地。斯基泰人、萨尔马提亚人（Sarmatians）、匈人、阿瓦尔人（Avars）、突厥人和蒙古人可能都是在那个地区最先出现的。[15]如果真是这样，它可以说是“蛮族”的系谱发源地。它也与罗马远隔万里。罗马人若想像对待高卢那样，堵死野蛮人的源头，就得把征服战一直打到今天中国的边界。

斯堪的纳维亚是又一个可称为民族子宫的地区，也是又一个罗马难以永久制服并殖民的地方。它比较偏僻，粮食产量不足以承受人口的增加，环境严酷。它肯定不是一个值得入侵的富饶诱人的地方。事实上，当地居民常常外出追求更好的生活。多少世纪当中，身材高大、豪爽热情、金发碧眼的武士从遥远的北方源源而来，不管是自愿的还是非自愿的。在自斯堪的纳维亚而来的一拨拨商贩、海员、殖民者、海盗和武士当中，维京人是最后一拨。不过普遍认为，这个地区自有记录历史以来产生的民族要多得多。据说，哥特人、伦巴第人、汪达尔人和许多其他日耳曼部落均从这里发源，然后移居南方。[16]然而，这些部落都是在罗马人在欧洲中部初次遭遇被泛称为“日耳曼人”（Germans）[17]的各个民族之后才到达（或者说汇聚于）那里的。

“德国”是现代产物。所谓“日耳曼”民族或文化涵盖的区域比德国这个现代民族国家的领土大得多。*在大致西起莱茵河，东到维斯瓦河，北起北海和波罗的海，南至多瑙河甚至黑海的这片地区，居住着数十个部落和部落联盟（具体数目经常变化），罗马人把其划为日耳曼家园。[18]

古代历史的大部分时间，这个地区基本不在已知世界的地图之内，是陆地上相当于大洋边缘海龙和海怪出没之处的蛮荒之地，也等于早期的地图和地球仪上标出的“最黑暗的非洲”那神秘的内地。当然，关于莱茵河彼岸纵深之地的人是什么样子，商贩和友好的蛮族部落能提供一些二手信息，但是，这些消息恐怕没有使罗马人做好准备，在终于与“条顿怒火”†觌面时从容应对。

日耳曼部落大量涌入地中海世界（那里的文化有文字，可以记录这类事件）造成的“初次接触”正值辛布里（Cimbri）和条顿（Teuton）[19]这两个大型部落在“辛布里战争”中开始南迁之时。[20]公元前113年，这些部落进入了与罗马结盟的一个凯尔

* “德国”和“日耳曼”的英文都是“German”，但日耳曼的范围比德国大，通常也包括斯堪的纳维亚地区及其民族。

† furor teutonicus，拉丁文，指罗马帝国时期条顿部落或更广义的日耳曼部落的强横凶悍。

特民族的地盘。根据古代（基本上充满敌意的）书面记载，辛布里部落和条顿部落人数众多，是特别桀骜不驯的“蛮族”，他们在寻找新的居住地，把家眷、财产和马车全带来了。[21]书面记载声称，这些部落一路上还有别的部落和个人加入，于是愈加声势浩大。[22]

至此，罗马人和所谓的蛮族已经斗了几个世纪。但是，新来的这群人即使按照不文明民族的标准来看也凶暴异常，连其他蛮族都害怕他们。根据古籍描述，他们身形巨大，白发灰眼，以兽皮蔽体，强壮得不似常人，嗜血到疯狂的地步。他们在向意大利行进途中，轻而易举地歼灭了一支又一支罗马军队，直逼“永恒之城”。罗马军团在战场上伤亡惨重，罗马全国陷入绝望之中。

接下来，根据古代作家的叙述，蛮族部落的人如同一群见异思迁的孩子，看到了今天的西班牙和法国那个地区引起他们注意的新奇东西，于是改道去了那个方向。罗马人因此而有暇制订应急计划，而罗马人的应急计划就是按照旧例，找到一位卓越的领导人，将军队指挥权交给他。

到辛布里人和条顿人（外加他们的朋友）在公元前104年恢复了朝着罗马城行进的时候，罗马人选好了军队将领——多次担任执政官的盖伊乌斯·马略（Gaius Marius），让其做负责人。这个人其实在罗马共和国的衰败中起了重要作用，但他在公元前102年的塞梯埃河战役（Aquae Sextiae）中痛击了条顿人及其盟友（据说9万日耳曼人丧生沙场），粉碎了罗马共和国面对的最严重的威胁。次年，盖伊乌斯·马略又在韦尔切利战役（Battle of Vercellae）中重创辛布里人（杀死了6.5万~16万人）。[23]罗马历史上第一次可怕的日耳曼之祸就此告终。

一代人后（公元前55年左右），罗马历史上一位最伟大的人物尤利乌斯·恺撒（他是盖伊乌斯·马略的侄子）也遇到了可怕的日耳曼人的问题。根据恺撒自己的叙述，今天西欧这块地方（主要是莱茵河地区）的凯尔特部落受到了一些凶狠之人的攻击，恺撒说那些人是“日耳曼人”。根据恺撒的描述，他们和一代人之前（如果他们与辛布里人和条顿人有关系的话）一样可怕、一样无法阻挡。恺撒说，凯尔特部落的人恳请他帮他们抵御莱茵河另一边的日耳曼人发动的进攻或入侵。

罗马军团前来支援高卢/凯尔特[24]盟友时，听到了关于其将要面对的可怕而陌生的敌人的故事。恺撒说，战士们产生了怯意。“我们的人开始问问题，”恺撒写道，“高卢人和商贩回答问题时描述了日耳曼人是多么高大强壮、多么勇猛无畏，使用武器多么娴熟。他们说，他们自己和日耳曼人打仗时，经常被他们凶狠地一瞪眼就吓软了。”[25]恺撒的叙述对他自己做了美化，也带有偏见（尽管看似他亲眼所见）。据他说，对“日耳曼人”的骇人描述在罗马的军团司令和高级军官中间造成了一片惊慌。

> 他们中间有些人开始提出各种理由，请求批准他们紧急离开。别的人不想背上懦夫的污名，出于羞耻之心才留

下来。这些人掩饰不住满面惊惶，有时禁不住流泪。他们藏在帐篷里哀叹自己的命运，或者和朋友们一起悲叹大家共同面对的危险。军营各处的人都在写遗嘱，签好字后封存起来。

应当指出，恺撒掌权时，罗马军队已经征服了所有敌人，堪称所向披靡。恺撒所说的被可怕的敌人吓坏了的军队本身是一支令敌人闻风丧胆的劲旅。

塔西佗和普鲁塔克等后来古代作家的记叙和恺撒说的大致一样，他们说，恺撒所说来自莱茵河以东的这群人身材高大、能攻善战。[26]他们部落的妇女和孩子也经常坐车来到战场上照顾伤者，在战斗线后方大声给己方的武士打气。这样，这些妇孺自己也暴露在危险中，如果男人打败了，所有人就都会丧命，或沦为奴隶。

日耳曼武士痛恨和平，如果他们自己的部落没有打仗，他们可能会去另一个正在打仗的部落加入战斗。塔西佗写道："许多贵族青年自己出生的土地若是长期平安无事，会特意去寻找正在打仗的部落。日耳曼人不喜欢和平；在危险中更容易出名，而且只能在暴力和战争中才能留住大批家臣。"塔西佗还说："很难说服一个日耳曼人去耕田犁地，耐心等待收获季节来临。他更愿意去挑战敌人，通过作战受伤来获取酬劳。他认为，通过流血能很快得到的东西却靠流汗出力一点点积累，那是蹩脚软弱的表现。"[27]

最后，恺撒说到了这些伟大的部落如何在他们居住地周围的地区强行制造无人区作为防御带。部落越伟大，死亡区就越宽阔。“在日耳曼人当中，最高的赞美属于那些蹂躏毁坏边境地区、在自己周边建立最宽阔的无人区的国家。”（恺撒声称，听说有一个无人区有600英里宽。）[28]

后来几个世纪中，罗马人和日耳曼人之间发展出了一种有趣的关系，分为两层。第一层，至少在历史书中也是最明显的是通过战争建立的关系。

自辛布里人和条顿人的大入侵/移民起，到西罗马帝国终结，日耳曼部落和罗马军队之间的战事就没有停过。虽然日耳曼军队以体力禀赋、战斗素质和条顿怒火而著名，与罗马人作战却仍是远远败多胜少。罗马军队打败仗通常都情有可原。

一个很好的例子发生在公元9年，那次事件相当于罗马人的“卡斯特的最后一战”。但是，美国的乔治·阿姆斯特朗·卡斯特（George Armstrong Custer）中校在那次与美洲原住民以寡敌众的灾难性遭遇中损失的人员不到300名，而罗马军队在部落武士手中损兵折将却高达2万左右。罗马将军普布利乌斯·昆克提尼乌斯·瓦卢斯（Publius Quinctilius Varus）带领三个军团外加数千人的附属部队深入今天德国的中部和北部那片令人生畏的地区……再也没有回来。瓦卢斯被一个受过罗马人训练的日耳曼人带入了陷阱。他以为那个人是朋友，其实那个人在秘密地为几个与罗马为敌的日耳曼部落结成的同盟做事。[29]瓦卢斯率领的部队在黑沉沉的森林里遭到伏击，全军覆没。对一个文明的罗马人来说，这是不折不扣的噩梦。

几年后，一支对日耳曼部落进行报复的罗马军队发现了那场战斗留下的可怕遗迹，包括被攻克的罗马营防、最后的抵抗者负隅顽抗的地点，还有罗马俘虏被折磨至死的地方。

古代作家塔西佗丝毫不加粉饰地描写了那次战斗：

> 瓦卢斯的第一个营地范围巨大，围墙内地方广阔，显然是三个军团一同修建的。再往前走，部分坍塌的防御墙和浅浅的壕沟显示了一处阵地的残余。空地中央白骨处处，有的散落各地，有的堆成一堆，那都是逃跑或坚守阵地的罗马战士的遗骨。不远处的地上可见武器的碎片和马匹四肢，还有钉在树干上的人头。附近的树丛中设有蛮族的祭坛，他们用罗马军队的司令官和一级百夫长作为燔祭。[30]

据说奥古斯都·恺撒皇帝用头一次次地撞门，大叫：“昆克提尼乌斯·瓦卢斯，把我的军团还给我！”[31]

条顿堡森林战役后，罗马并未立即撤出该地区，但是，许多历史学家认为它是个转折点，日耳曼人从此粉碎了罗马把该地区变为像高卢那样的帝国行省的希望。这个地区面积太大，地貌和气候太严酷。在帝国当时所处的阶段，对这个地区实现“罗马化”给罗马的纳税人和军队造成的负担太重，而且坦率地说，该地区不够富足，不值得费力气去征服、统治。图拉真（Trajan，大约公元98年—117年在位）和马可·奥勒留（Marcus Aurelius，大约公元161年—180年在位）两位皇帝都与日耳曼人打过惨烈的战争，但最终，罗马的边界基本上确定在莱茵河，离今天的德国边界不远。后来，罗马人在多瑙河南岸建起了巨大的碉堡工事来守卫帝国、防御日耳曼人的进犯。

罗马–日耳曼关系的战争方面是历史学家关注的重点，但最终改变了实际力量平衡的也许是两个民族之间的和平互动。显而易见，人民之间长期接触，哪怕仅仅是共有边界，就能够通过货物、金钱、思想和人员的跨界流动而促成社会改变。如果双方在文化或技术上差距悬殊，就更是如此。16世纪美洲原住民经过与组织更集中、技术更先进的欧洲人500年的持续接触后，变得迥异于前。中欧的日耳曼部落和罗马世界接触了5个世纪后，也与过去大不一样。作为罗马的盟友、附属部队或雇佣军在罗马一边参加作战的日耳曼人是向日耳曼部落输送罗马思想与文化的现成渠道。居住在日耳曼土地深处、缺乏与罗马直接接触的部落尤其依靠这样的传输。罗马共和国变为罗马帝国之前，就认识到了使用日耳曼武士的价值。这些为帝国效力的日耳曼战士经常有机会前往罗马城，亲身体验这座世界上最伟大的城市中的生活，然后又被派往帝国边境打仗，在遥远的地方与不同民族的人接触交流。然后，他们回到自己的部落，向部落的人们转达自己在先进社会中生活的大量经验。这样的武士数以十万计，这样的经验转达持续许多世代；由此发生的巨大变化不难想象。

西罗马帝国开始摇摇欲坠时（公元5世纪左右），许多日耳曼“蛮族”部落及其酋长在外貌上已与罗马人分辨不清了。历史学家罗杰·柯林斯（Roger Collins）写道：“很容易想象（‘蛮族’）全是野人，赤身裸体、浑身长毛、无疑还涂着艳丽的颜色。然而实际上，4世纪和5世纪的时候，日耳曼语系的各个民族在物质文化上都已与罗马行省的居民相差无几。”虽然他们的毛发通常更加发黄或发红，人人都留着古老的日耳曼式髭须，但柯林斯指出，他们甚至和罗马人穿同样的服装。事实上，两边在衣服饰物的风格上彼此趋同。日耳曼式的紧身裤和长发成了罗马城中时髦人群的流行时尚，让永恒之城的老派人士鄙夷。

早就有人提出，罗马军队中发生的那种融合也许不是好事，因为它导致了军队的日耳曼化。这个过程是从雇用日耳曼武士开始的，有时是整个部落一起雇用，经常任由他们按照部落武士的战法来作战，也按照部落武士的需要装备他们。[32]罗马在很久以前就与各个部落和民族结成同盟，然后在罗马军队中使用他们的战士。罗马人把对付其他民族的做法也用在了日耳曼人身上，他们在与日耳曼部落交界的地区建立附庸国，由受制于罗马的部落酋长来统治，这就在罗马和内地的日耳曼部落之间形成了缓冲区。必要时，这些附庸国也提供大批武士和罗马人一起作战。有些历史学家甚至说这种安排实质上就是“契约”。[33]

罗马军队里有一些日耳曼战士从来不是问题，但是，罗马军队里的日耳曼人是不是太多了？这个问题引起了广泛的辩论。什么时候军队不再像罗马军队，而是更像日耳曼军队？这到底重要不重要？对罗马人来说，这既是理论问题，也是涉及生死存亡的大事，特别是因为罗马在它最黑暗的日子需要这支军队保护它，抵御最终将推翻西罗马帝国的敌军——猜对了，那些敌军经常是由日耳曼部落组成的。[34]

短短两个世纪后，罗马军队的日耳曼化程度大大加深，日耳曼战士甚至开始升入指挥层。罗马帝国的某些时期，帝国东西两半的主要野战军全是由日耳曼裔将领指挥的。慢慢地，罗马军队开始不只在外观上，而且在战法上都变得与过去大相径庭。日耳曼战士不再编入军团，与其他罗马战士趋同（被驯服的高卢人就是这样），而是越来越多地使用自己传统的“蛮族”武器和甲胄同罗马人一起作战，受自己的小队长领导，有自己的作战风格。

至于这种情况在多大程度上造成了罗马的最终命运，很难得出量化的结论。[35]最近的考古发掘揭示了发生在“蛮族铁幕后面”过去不为人知的事情。似乎欧洲中部和北部深处发生了很多变化，财富和经济活动双双增加，政治制度发生了演进，采用了新的农业技术；这一切造成了人口激增。不清楚这些发展多少是由于同罗马人接触造成的，多少是内部自发的，[36]但是这种变化是日耳曼部落在罗马帝国末期比在前几个世纪更加危险的部分原因。

历史学家彼得·希瑟写道：“日耳曼尼亚*在公元纪年头三个世纪中经历了巨大的人口增长、经济发展和政治重组。因此，它在4世纪对罗马在欧洲的战略主导地位构成的潜在威胁必然比1世纪时大得多。”他还指出，这个更大的威胁比过去更加不稳定：“也需要记住，日耳曼社会尚未安定下来。日耳曼附庸国形成的保护带在莱茵河和多瑙河边界另一边只有大约100千米宽，时常发动的军事靖边行动对日耳曼尼亚的一大部分鞭长莫及。因此，边境地区力量平衡面临的威胁要比附庸国国王常常发动的好大喜功的战争危险得多。前一个世纪，罗马遭到了波斯萨珊王朝（Sasanian Persia）的重击，受罗马紧密控制的附庸国形成的缓冲带以外的日耳曼世界是否构成了类似的威胁呢？”

也许是的。

有一段时期经常被说成是罗马-日耳曼关系以及西罗马帝国最终解体过程中的危机时代。据信它是因一个外来民族在公元376年的出现引发的。那一年，凶猛的匈人如风暴般席卷欧洲；这个民族的神秘面纱至今仍未完全被揭开。

不清楚“野蛮”的内地深处真正发生了什么。部落和部落联盟之间可能展开了大战，但谁也不知道，因为那些战争从未有过记录。传统的说法来自古代，直到不久前一直被奉为金科玉律。根据这个说法，匈人是大草原上凶猛的马背上的游牧部

* Germania，古代地域名，位于莱茵河以东。

落，他们冲进欧亚大陆上的欧洲部分，所向披靡。其他部落对他们闻风丧胆，争先恐后地惊慌逃窜。

据说，东哥特人为躲避匈人仓皇西逃，闯入了西哥特人的地盘。然后，这些日耳曼部落又一起逃到罗马的多瑙河边界，造成巨大的人道主义危机。逃难而来的人们苦苦哀求罗马打开国门放他们进去。

然而，现代一些理论认为，也许匈人根本没有大举进攻，而是对哥特人居住区频繁发动小规模抢劫和袭击，造成了不安全。

无论情况如何，罗马帝国东边的皇帝都面临着艰难的处境。[37]然而，危机中有“危”也有“机”。面对这种情况，瓦伦斯皇帝（Valens，大约公元364年—378年在位）似乎没有多少好的选择，但他至少看到了一个潜在的有利之处：也许可以把一群勇武的西哥特战士吸纳入他的军队。他同意让那些部落的人渡过多瑙河边界，在帝国边界内算是比较安全的地区安顿下来，条件是他们必须放下武器。这个要求不算无理，因为开放边界接纳10万多[38]有武装的日耳曼部落的人可能是危险的。

难民们期望得救，然而，如历史学家阿瑟·费里尔所写，“376年末”，在严寒中“渡河开始了。人数可能高达20多万的西哥特人饥饿难耐，而铁石心肠、贪得无厌的罗马官员却对他们进行无情剥削。为了不至于饿死，西哥特人把孩子卖给罗马人做奴隶来换狗肉，一个孩子换一条狗”。

也许并非所有罗马人都如此恶毒地对待新来的难民，但是，费里尔指出，“多瑙河渡河行动搞得一塌糊涂”。匈人的攻击已经造成了惊慌和绝望，形势一触即发，而难民渡河后的遭遇更是火上浇油。

虽然西哥特人被打垮了，饥寒交迫、一片混乱，但他们仍然具有令人生畏的强大力量。最后，火药桶终于爆炸，西哥特武士开始横行肆虐，在接下来18个月的“哥特战争”[39]中在整个地区劫夺抢掠。

罗马人和哥特人真正在战场上全面开战是在公元378年。当时，在今天土耳其位于欧洲的那部分，东罗马帝国皇帝掌握着一支罗马军队。为了腾出这支军队，他不得不同他的死敌萨珊波斯人媾和，因为哥特人的掠夺破坏激起了众怒。在那个皇位可能迅速易手的时代，如果皇帝对哥特人的问题迟迟不予解决，他在战场上要面对的可能就不是蛮族，而是本国的造反乱民了。

很自然会认为这些“哥特人”[40]就是“日耳曼人”，不过目前无法断定他们到底是什么人。这些部落的人自从离开他们的故乡斯堪的纳维亚[41]之后，长期以来吸收了其他部落、群体和个人。他们居住的很多地区又有不少非日耳曼居民。所以，这些“哥特人”至此一定已经成为多族裔的混合。他们可能保留了将他们联系在一起的核心要素，如日耳曼语和共同的起源神话，他们中间许多人肯定符合日耳曼人的传统外貌特征。但是，他们和其他迁入非日耳曼地区的日耳曼部落一样，也吸收了冒险者、获得自由的奴隶、匈人、斯拉夫人、阿兰（Alan）武士，甚至还有心怀不满的罗马公民。公元378年的阿德里安堡（Adrianople）[42]战役中，与罗马人对垒的就是这样一支混杂的“哥特”大军。

阿德里安堡［也叫哈德良堡（Hadrianopolis）］战役从来被视为历史上的关键战役之一。假如确实如此，那只是因为战役的结果出乎意料。如果罗马人赢了，它可能只会算作罗马对蛮族的又一次胜利。但罗马人没有赢，阿德里安堡战役（对他们来说）一败涂地，这就使这场战役变得极为重要。

这个时代的罗马军队只剩了先前的一个影子，[43]但它仍然能打，特别是在对付蛮族部落的时候。可是，指挥、情报和外交上的多方失误使军队陷于劣势，如果能按计划进行，本来能集结更多兵力，实际上却没有调动足够的部队。罗马军队经过大约8英里的崎岖路途到达战场时已是人困马乏。天气炎热，哥特人又在周围的草原上放起火来，更是酷热难耐。

罗马军队到达后，发现哥特人在一座小山上用车子围成了一个巨大的圆圈作为防御工事。哥特战士和他们的家人就藏在里面。

战斗似乎是自然而然发生的，当时一些罗马部队未接到命令就开始向车子组成的圆阵发起了攻击。起初看起来，似乎罗马人又会得胜，部落战士节节败退，车阵马上就要被攻破。

然后，大难降临了。

战斗打响时，哥特骑兵[44]并不在场，他们在厮杀正酣时回到了哥特营地，“像山边霹雳一样”冲向已经和敌人交上了手的罗马军队左翼。[45]这一翼的罗马军队被迫后退，中军的空间被挤压，战士们人挤人，盾牌和武器难以施展。罗马军队奋力抵抗，但最终仍不敌哥特人。古代资料说，罗马战士有2/3战死沙场，可能人数在1.5万~2万，[46]而在那个时代，召集起一支1.5万人的军队是个了不起的成就。瓦伦斯皇帝自己也死在战场上或战场附近。(从未找到他的尸体。)

按照罗马鼎盛时期的标准来看，阿德里安堡战役不算大，但在罗马历史上的这个时刻，它导致的损失几乎无法弥补。这个时代的罗马公民一直靠职业军队替他们去打仗，若把平民征召入伍，根本不是残暴善战的蛮族武士的对手。要雇用职业战士，金钱上又捉襟见肘，而且招募的战士通常都是日耳曼部落的人。

罗杰·柯林斯谈到阿德里安堡一役之后的时代时说："395年到476年，关于帝国东西两半的文献中基本上没有了罗马军队的踪影。"他指出，那时仍然有很多军事活动，但都是雇佣军和蛮族盟军在打仗，没有罗马军队的参与。阿德里安堡战役后，罗马帝国的处境愈加艰难。问题既大且多，最主要的问题可能就是王位觊觎者对帝国西部控制权的争夺。此外还有社会问题、税基问题、招兵问题和一大堆其他问题。若是时局太平，这一切也许都可以挺得过去。但是，匈人的到来及其给许多日耳曼民族带来的离乱产生的地缘政治效果如同捅了马蜂窝。阿德里安堡战役后的罗马四面受敌，骚扰进犯的部落多如牛毛，汪达尔人、阿勒曼尼人(Alemanni)、勃艮第人、伦巴第人、西哥特人、东哥特人、弗里斯兰人（Frisians）、撒克逊人和法兰克人只是其中的几个。罗马奴隶、“不满分子和寻找发财机会的人”的加入更壮大了这些部落的力量。罗马历史学家阿米安努斯·马尔塞来努斯（Ammianus Marcellinus）写道，加入蛮族部落的还有逃离国家金矿中严酷工作条件的矿工和不堪帝国重税负担的人。所以，罗马帝国内部的社会积怨可能同蛮族的入侵合并到一起，找到了发泄口。[47]当时的情形可以说是一场完美风暴，也可以说是墨菲定律*，甚至干脆就是连续数个世纪百战百胜的运气到头了。无论如何，5世纪的西罗马帝国面对的问题是巨大的，而且正逢罗马的军力比以前大打折扣、国家领导人的能力远不如昔。

要减少罗马面对的众多问题，一个办法是坚持同部落订立合同/条约。罗马人最终对在阿德里安堡战役中与他们为敌的部落也是这样做的。不过，达成的交易在允许蛮族部落在罗马土地上定居方面比过去宽松得多，蛮族人保卫罗马领土，但可以维持自己的政治身份特征。

有些人说，这是后来成为中世纪特点的封建关系。例如，418年，霍诺里乌斯皇帝（Honorius）准许哥特人定居在阿基坦（Aquitaine）；435年，瓦伦提尼安三世皇帝（Valentinian III）把罗马在北非的土地赐予了汪达尔部落。西哥特人被安置在西班

---

* 墨菲定律的基本内容是：如果有两种或两种以上的方式去做一件事，而其中一种方式必定导致灾难，那么就一定有人选择这种方式。

牙，法兰克人则在现代的法国落了脚。罗马的决策者不自觉地把帝国的土地一块块分给了各个部落。中央权威崩解后，这些部落就掌握了各地的治理大权。罗马等于是建立了自己的继承国。正如历史学家罗杰·柯林斯所写："真正引人注意的……是这一进程的偶然随意、近乎意外的性质。自410年开始，历届西罗马帝国政权放弃了帝国越来越多的领土，或者失去了对它们的实际权威。西罗马帝国下放权力把自己给下放没了。"

5世纪期间，西罗马帝国的中央权威逐渐解体。西哥特人经罗马准许进入帝国，又在阿德里安堡一役中打败了罗马军队，最终于410年洗劫了罗马城。自从800年前另一个部落（很可能是凯尔特人）洗劫罗马后，这是"永恒之城"第一次遭到外国人洗劫。

不过，与一蹶不振的亚述城市尼尼微不同的是，罗马又在拳击台上站起身来继续比赛。它挺过了410年的洗劫，但455年再遭厄运，这次的洗劫是日耳曼族的汪达尔人干的，比上一次残暴得多。476年，罗马蛮族同盟军的一位日耳曼首领[48]几乎是罢黜了西罗马帝国的末代皇帝。

根据过去的历史著述，"黑暗时代"就是在这个时候随着罗马文明的退潮而开始的。这种情况在一些地方比别的地方更明显。例如，意大利受的影响相对较小，比帝国的边缘地区恢复得更快。但是，包括过去的西罗马帝国大部分领土在内的意大利北部地区相当于在依靠脉冲动力[49]前行。在脱离现代化的进程当中，天主教会的力量（如修道院）、地方团体、军阀或小国王都尽力实现软着陆，但没过多久，一些原来用钱币（上面铸有罗马皇帝像的硬币）做生意的地方就转成了易货贸易。

可是，基础设施的破败失修和易货贸易取代钱币是文明倒退的标志吗？抑或这只证明了我们的现代偏见？

人类学家彼得·威尔斯（Peter Wells）写道，即使在整个中世纪期间，原属西罗马帝国的几个主要城市也保持了“居住的继续”。他说，包括罗马在内的几个城市似乎规模和人口都未缩小，“尽管随着罗马官方行政当局的终结，罗马的房屋和公路建筑，还有渡槽和下水道维修等传统都告停止”。

威尔斯告诫说，不要先入为主地认为罗马传统必然优于当地的文化传统。他举了伦敦这个当年的罗马城市做例子。公元1世纪末，它是“罗马帝国最北端一座令人震惊的城市，有着宏伟的建筑、兴旺的商业中心和每一个最伟大的罗马城市都有的军事基地”。西罗马帝国崩溃后，“原城区的许多地方似乎都恢复了非城市的特点”。

但是，他说，把这些变化称为衰落反映了罗马对于变化的保守态度。威尔斯写道：“从在伦敦发现的越来越多的证据中，可以清楚地看到这个地方不像过去的研究者以为的那样遭到了抛弃。生活仍在继续……不过是和以前不一样了。”

几个世纪的时间内，日耳曼部落形成的各个继承国彼此战事频仍，和东罗马帝国[50]有时结为盟友，有时又兵戎相见。慢慢地，它们当中的一个——法兰克人的继承国——在国力和领土面积上开始把其他继承国甩在后面。此时，西方没有了罗马军队，天主教会[51]为寻求军事保护，开始和这群曾经令人生畏的“蛮族”部落建起互相支持的关系。（德国人仍然称法国为Frankreich，意思是法兰克帝国。）[52]

法兰克人是和罗马人结盟的众多部落中的一个。西罗马帝国分崩离析后，他们成为自己所在地区的政治权威。事实上，法兰克人有若干分支，主要居住在今天的法国和德国，但他们最终集中到了一个国王的统治下，他就是克洛维一世（Clovis I，大约公元466年—511年）。克洛维此人兼有维京军阀、黑手党头目和摩托车歹徒帮派老大的特点。根据有关资料显示，他会要人在地上找东西，然后趁那人低头寻找的时候用战斧劈开他的脑袋。[53]

496年发生了一起重大政治事件：克洛维抛弃多神教，皈依了基督教。[54]现在，法兰克这个正在崛起的欧洲强国和西方教会结成了多方面的同盟。传统的说法是，教会驯化了法兰克人，帮他们在几代人的时间内从凶暴的野蛮人转变为虔诚的中世纪基督徒。不过也可以说，法兰克人给西方基督教增添了新内容，也许是带有野蛮味道的强壮膂力。

不管实情如何，法兰克和教会双方都因彼此结盟而大为获益。克洛维（他有时被尊为法兰西国家的第一位国王）开创了墨洛温（Merovingian）王朝。在它之后的卡洛林王朝在几位关键国王的领导下，靠着极端暴力统一了原本属于西罗马帝国的一大片领土。令卡洛林王朝改天换地的国王是查理一世（Charles I，称为“大帝”），也就是查理曼。[55]他作为法兰克国王在位长达惊人的46年；他被称为“欧洲之父”可不是平白无故的。

作为历史人物，查理曼似乎完美地结合了“黑暗时代”日耳曼野蛮人的典型和虔诚的中世纪基督徒国王的典型。他头脑聪敏却不识字，不过据说他非常希望学会认字，也为此不断努力。他比同时期的人更加高大强壮，有着浅色的毛发，蓄着罗马人认为野蛮人才喜欢的传统日耳曼式唇髭。[56]768年，查理曼成为法兰克国王，自此开始了在王国已经相当可观的领土基础上继续不断扩张的漫长生涯。到800年，法兰克王国的版图包括了今天的法国、比利时、荷兰、瑞士、向南直到罗马城的部分意大利、德国大部分地区和奥地利。自从三个世纪前西罗马帝国灭亡以来，原来属于它的大部分土地第一次统一在了一个统治者的治下。

800年圣诞日那天，查理曼和教皇在罗马当着众人的面做了件怪异的事。这件事在传统上被誉为“伟大的”历史时刻之一，但关于它有许多扑朔迷离的地方。不过，它对后来的历史影响巨大。据说，查理曼不过是去圣彼得大教堂望弥撒、做祈祷，他跪在圣坛前时，教皇突然把一顶皇冠戴在这位伟大的国王头上，宣布他为Imperator Romanorum。[57]自那以来，历史学家一直在辩论查理曼对教皇的意图并不知情这个说法是否可信。无论如何，欧洲突然有了西罗马帝国解体后的第一位皇帝。[58]

这一举动含意众多，许多是针对东方拜占庭的（它是“罗马帝国”尚存的部分……但是否应当允许它担此名号是问题的一部分）。新帝国的自我定位和宣传所涉的问题都极为有趣。[59]

历史学家亚历山德罗·巴韦罗（Alessandro Barbero）写道："总的来说，卡洛林王朝在公元800年后所采用的权力象征都是罗马帝国时期的。硬币上铸的查理曼像头戴桂冠、身披紫袍，他印玺上镌刻的字句在后来几个世纪的时间内一直是异常有效的政治口号——renovatio Romani imperii。"[60]意思是"新罗马帝国"。这话听在拜占庭/君士坦丁堡那些仍自称为"罗马帝国"的人的耳朵里，一定非常刺耳。

不过，从某个意义上说，新帝国的确重新振兴了罗马过去的一些要素。这个历史时期有时被称为卡洛林复兴，其间西方建立了更加集权的政府，虽然仍赶不上罗马鼎盛时期在文明、组织和官僚机构等方面的力量，但至少比"黑暗时代"的混乱状况有了进步。识字率得到提高；[61]建筑更加精美；财富增加了；书写再次得到重视。还协调了各方的努力来恢复湮灭的古代知识，并通过抄写古老的书籍材料来保存历史。

然而，"新罗马帝国"[62]是个有趣的历史讽刺，也许应该说是报应，因为它的统治者的祖辈正是结束了罗马在西方统治的日耳曼部落。新帝国的历任皇帝面临的问题与当年西罗马帝国皇帝在意大利治理帝国时遇到的问题一样——凶狠的日耳曼部落。很可能是同样的部落。

似乎一切如故。例如，在罗马时期的不列颠，罗马帝国保护着不列颠岛不受日耳曼撒克逊人从海上发动的袭击。罗马人离开后，传说中的亚瑟王（King Arthur）应该也和那些撒克逊人打过仗。事隔300年后，查理曼仍在同撒克逊异教徒作战。[63]他最终赢得了胜利，但之前经过了20年苦战，那些战斗与瓦卢斯和他的军团被消灭在日耳曼森林里的时代相似到了怪异的程度。

亚历山德罗·巴韦罗写道："那是一场残酷的战争，战场所在的国家基本上没有文明，既没有大路，也没有城市，完全被森林和沼泽所覆盖。撒克逊人把战俘作为祭品献给他们的神祇，正如日耳曼人皈依基督教之前一贯的做法。法兰克人则将任何拒绝受洗的人立即处死。"

战争的宗教因素很强。信奉多神教的撒克逊人把试图向他们传道的人杀死，而打败撒克逊部落后向那些人提出的条件之一就是他们必须皈依基督教。[64]这是个出色的例子，显示了"用刀剑护教会"和罗杰·柯林斯所说的"用武力传福音"在视角上的不同。无论如何，信仰在如此残酷的宗教冲突中很难不染上血腥。

据巴韦罗说，尽其一生劝化信奉多神教的日耳曼部落的圣徒勒布恩（Saint Lebuin）向撒克逊人发出了关于查理曼的著名警告："如果你们不信神，邻国的国王就会长驱直入，征服你们的土地，将其夷为废墟。"

撒克逊人显然把这个警告当成了耳边风，仍旧杀害福音传道者，并毫不收敛地继续在边界上从事小规模抢劫和匪帮活动。查理曼和他们打了一仗又一仗，最终砍倒了撒克逊人认为撑起了宇宙而对其备极尊崇的圣树，[65]据说782年在费尔登

（Verden）一天之内就斩首4500人。查理曼和以前的罗马皇帝一样，发现每次制服一批野蛮人，似乎总有更凶暴的野蛮人等在后面。这一次，在撒克逊人后面（也就是北面）的是丹麦人。此时，维京人自丹麦、瑞典和挪威蜂拥而至，烧杀抢掠的时代正在加速到来。

有一个不太可信但广为流传的故事说，查理曼垂老之时看到了维京人。此时的维京人尚未成为几十年后的大祸害，但这个故事作为一种预言众口相传。一位名叫诺特科尔（Notker）的修道士在887年左右（查理曼死于814年）撰文声称，查理曼巡视到今天的法国时，在海岸线附近看到了一艘孤零零的维京船。这艘船的狂妄大胆使他感到受到了冒犯，查理曼眼中含泪，因为据说他能够看到未来，知道不久后这些维京人将成为令人头痛的梦魇。

这个故事颇有后见之明的意味，但它在一个方面似乎有道理，要说有谁明白来自天寒地冻的北方的好战“蛮族”构成的潜在危险，则非罗马皇帝莫属。查理曼这位“罗马”皇帝也许应该最明白；毕竟，这位人高马大、金发碧眼、髭须浓密、讲日耳曼语的国王自己就是武士出身。早在他成为300年来西方第一个罗马皇帝之前，他就在和“异教”的日耳曼部落作战了。

历史上有的时候会发生因果轮回。查理曼可能也知道这一点。

6

瘟疫的前奏？

活在今天比过去安全多了。18世纪中期之前，人类生活的环境危险得不可想象。[1]我们现代人的生活与以前世世代代的生活特别不同的一点是，疾病造成的死亡，特别是早夭，比以前少得多。今天，我们不认为会有很多孩子在童年时期死去，但这并非历史上的正常现象。我们是否因此而不同呢？怎么个不同法？过去的人面临的普通病症和传染病，以及他们偶尔要承受的大瘟疫都是我们所不能理解的。想象一下，如果现代世界发生了流行病，哪怕仅造成10%的人口死亡，会产生多大连锁反应？10%的死亡率比起历史上一些瘟疫造成的死亡率差得远，但鉴于今天世界人口的规模，它意味着短短时间内约有7亿人死去。10个人中就会死一个人。这大约是第二次世界大战死亡人数的10倍。这会导致什么样的后果？

但是，即使今天发生了瘟疫，我们仍然不能充分体会我们祖先的经历，因为现代人懂得有关疾病的基本科学，过去的人却不懂。这一点看似不重要，但人类历史上大部分时间，没人真正明白疾病或细菌是怎么回事，这才把得病归咎于各种各样的原因。显然，历史上疾病造成的破坏，加之直到不久前还对疾病原因缺乏了解，这必然对人民和社会影响深刻。不过，很难说清那些影响是什么、达到何种程度。过去，人病死的事常有发生，不算意外。那时的人在情感上很可能比我们更能自我保护。这和坚强性及育儿方法的效果一样，属于无法量化的灰色区域。

疾病从来与人形影不离；自有记录开始，就有了对传染病和瘟疫的记载。从古代的描述中，常常难以判断到底是什么病，不过还是确认了一些具体疾病。威廉·罗森（William Rosen）在他写的《查士丁尼的跳蚤》（*Justinian's Flea*）一书中举了我们的祖先经历的一些可怖瘟疫的例子。[2] 早在公元前5世纪，古希腊的医生就诊断出了破伤风、麻疹，可能还有疟疾。所有这3种疾病对古时病人的影响都比如今严重得多。现代疫苗和医药出现之前，今天许多常见的儿童疾病都是致命的。

古代历史学家修昔底德目睹了毁灭性的雅典大瘟疫，那场瘟疫发生在公元前430年，伯罗奔尼撒战争期间雅典遭到斯巴达封锁的时候。据罗伯特·利特曼（Robert J. Littman）说，接下来的3年内，10万人病死，约占人口的1/4。死者中包括历史上最伟大的雅典人，军队将领兼政治家伯里克利。[3]关于那场瘟疫到底是什么，人们意见不一，但2006年发现的群葬坑显示，它很可能是伤寒热。

罗森指出，《圣经》列举了一连串疾病，其中当然包括降临在埃及法老头上的血水之灾、疱疹之灾和蝗虫之灾。《哀歌》描述了公元前6世纪尼布甲尼撒*对耶路撒冷的围城，提到了维生素缺乏症[4]特有的“发黑的皮肤”[5]。其他的突出事例包括：

· 公元前396年，迦太基军队“遭到了痢疾、皮肤脓疱和其他症状瘟疫袭击”。

· 公元1世纪期间，疟疾和鼠疫降临在罗马城公民头上。

· 公元165年标志着马可·奥勒留率领的罗马军团从美索不达米亚带到地中海的安东尼瘟疫（Antonine Plague）的开始。那场瘟疫肆虐了15年，据信是天花。

· 公元251年到266年，西普里安瘟疫（Plague of Cyprian）流行；一致认为是麻疹。[6]

当然，上述瘟疫造成死亡率飙升，不过以今天的标准来衡量，现代之前的疾病死亡率从来都高得过分。前工业时代社会的死亡率居高不下，如果现代人这样过上一年，恐怕整个社会

* Nebuchadnezzar，指尼布甲尼撒二世，《圣经》说他曾两次包围耶路撒冷。

都会震惊不知所措。过去的人对疾病和死亡见怪不怪，也许在感情上或文化上有了一定的免疫力。[7]然而在历史上，时常会出现惊天巨浪，就连心理最坚强的人也承受不住。公元541年，发生了据说是世界上首次真正的大瘟疫，死者不计其数。

一度认为，被历史学家称为查士丁尼瘟疫的那场大瘟疫使得1亿人死于非命。[8]现在的意见是，也许死的人没有那么多，但那场瘟疫之严重可想而知。它是中世纪黑死病的先兆，肇因同样是通过老鼠身上的跳蚤传播的耶尔森氏鼠疫杆菌。死于这种病非常痛苦。

威廉·罗森描述了受到鼠疫重创的君士坦丁堡的情景："城里每天都有一两千居民受到传染，有时达到5000，人口中每100人就有一人患病。病人第一天先是发低烧，然后就陷入一个星期的高烧谵妄状态。腋下、腹股沟、耳后出现小肿块，长到香瓜大小。肿大的淋巴结神经末梢充血，造成剧烈疼痛。有时，肿胀处会破裂，溅出叫作脓液的白细胞液体，发出恶臭。有时，疫病会发展为现代流行病学家所说的'败血症'；病人会吐血而死。"

罗森接着说，这样的病人还算是运气好的，因为"至少他们很快就死了"。[9]在更早的时候，或在其他地方，如此凶险的疫病通常会自我平息，因为人受到传染后来不及远游就死去了，疾病也就不会传播得很快。但是，公元541年的大瘟疫中，病菌传到了从埃及的亚历山大这个大型港口起锚的船上，在病魔夺去全体船员的性命之前传到了别的港口；即使船员在船只进港前全死光了，整艘船成了幽灵船，病菌仍然可以继续传播。

疫情传得很广，但我们只了解一小部分疫区的详情，其中就包括君士坦丁堡。据《全球灾难风险报告》(*Global Catastrophic Risk*)的编辑尼克·博斯特罗姆(Nick Bostrom)和米兰·克尔科维奇(Milan Ćirković)所说，这个大都市40%的公民被瘟疫夺走了生命。罗森指出，在更大的范围内，一年左右的时间内，死去的人就超过了2500万，这个数字可能是当时已知世界的人口的一半。鼠疫又继续在欧洲肆虐了两个世纪以上……到公元750年后才算结束。

14世纪40年代鼠疫再次到来时有了个新名字，叫“黑死病”(the Black Death)。查士丁尼瘟疫暴发800年后，这个可怕的疾病再次降临已知的西方世界。人们认为它可能是10年前在亚洲出现的，有报告说一些城市的居民几乎全部死光，有些地方的死亡率可能高达90%。

人类从未经历过如此严重的瘟疫，就连查士丁尼瘟疫都相形见绌。瘟疫造成如此多人死亡的一个原因可能是人口达到了产生群聚效应的水平。更加有效的交通也推动了不同社会间的空前接触。这些因素不仅利于瘟疫的传播，而且帮助了它的持续。持续性是决定任何瘟疫的致命性的一个关键因素，因为如果全村人都患上某种疾病死去，那种疾病也就和它的受害者一道被消灭了。但是，因为地球上人口众多，且到处旅行，所以瘟疫不断回潮，影响面也越来越大。

根据最初的报告，一些东方来的船只到达西方港口时，上面的船员因某种不知名的疾病要么都已死去，要么奄奄一息。侥幸活下来的船员参加卸货，和毫无防备的码头工人及城里居民接触互动，于是，瘟疫迅速散播开来。

很快，欧洲的死亡率就达到了新高。整个城镇从地图上被抹去。今天的航拍照片显示了黑死病暴发之前居住区的轮廓。大城市里，每天都有成百上千的尸体被车拉走，贵族和有钱人则逃往乡间避难，希望逃脱这次莫名其妙的劫难。一个记录者对瘟疫造成的破坏做了这样的描述：

> 挖的大坑里面一层层堆了许多尸体。无论白天黑夜，都有好几百人死去。一批大坑填满后，马上又需要挖更多的坑。我的名字是阿尼奥洛·迪图拉（Agnolo di Tura），人们叫我胖子。我亲手埋葬了我的5个孩子。有的死尸上盖的土太薄，结果被狗拖出来吃掉，全城各处有许多这样的事。没有人为死人哭泣，大家知道早晚会轮到自己。死了这么多人，大家都相信世界的末日到了。

瘟疫的受害者不知道他们面对的是生物传染病。事实上，人类自古以来就认为瘟疫是上天发怒或降罪。至于黑死病，许多人觉得这场瘟疫是上帝的意志，或者是魔鬼在世间的表现。

芭芭拉·塔奇曼所著《远方之镜》记录了14世纪的欧洲人在瘟疫打击下的生活。她在书中引用了爱尔兰基尔肯尼郡

（Kilkenny）的约翰·科林（John Clyn）修士实质上是写给未来的信中的话："现在整个世界好像都落入了恶魔手中，我在羊皮纸上记下我做的事，万一有人能活下来，亚当的子孙中万一有人能逃脱这场瘟疫，希望他继续我未竟的工作。"这份文件的最后一句是另一个人写的，说约翰修士已经病死。

我们今天看到这份文件，仍为这种锥心的痛苦而心碎。

我们的朋友"胖子"阿尼奥洛写道："父亲抛弃孩子，妻子抛弃丈夫，一个兄弟抛弃另一个兄弟；这种病让人应接不暇、不知所措。他们就这样死去了。花钱、求朋友都找不到人帮忙埋葬死者。家里人只能尽力把死者运到沟里，没有神父，没有宗教仪式。"

这种说法的实质是一场传染病对人类社会纽带的摧毁。上一次发达世界迅速坠入微生物所造成的地狱是什么时候？

父母抛弃孩子造成社会大乱，这还不算，瘟疫面前人人自危，支撑着社会的其他要素也因而崩塌。人天生合群，有事自然而然地会寻求邻里帮助，但现在这样的倾向戛然中断。谁也不想染上能杀死人的疫病。在那个时代，人与人聚会比在现代所谓互联的世界重要得多，但人们不敢彼此接触，于是造成了这场瘟疫一个沉默的悲惨结果：他们只能独自承受痛苦。

在中世纪的欧洲，宗教是人们宇宙观的全部，而宗教也因瘟疫受到重创。坟墓中的尸体如木材般堆积如山，而且还在不断增加；害怕成为其中之一的心理摧毁了教士阶层这个中世纪的"社会安全网"，本来这个阶层在社会制度中是专门负责应对悲惨、损失和名副其实的“上帝作为”的。教会是社会的一个关键支柱，教士的作用非常重要，而且不局限于宗教；其还行使医生、律师和公证员的职能。教士在社会中担负管理责任，形成了中世纪社会的中间阶层。当然，宗教仪式少不得他们，例如主持婚礼，在瘟疫期间则是主持最后的葬礼仪式。[10]

但教士也是人。[11]瘟疫肆虐期间，教皇不得不宣布大规模赦罪，并允许普通公民主持其他公民的葬礼，因为没有足够多的神父愿意冒染病死亡的风险去主持葬礼。

最后，教士也和其他人一样纷纷死去，而他们的死产生了始料未及的后果。例如，为补上死去的教士空出来的位置，教会降低了高层职位的年龄要求。结果，许多年纪轻轻、经验不足的人担任了原来由年长得多、更有威严的人担任的职务。

瘟疫来袭之前，教士阶层的成员都立志把自己的一生全部献给教会。取代他们的人就不一定有这样的决心了，其受教育程度可能也比较低。腐败开始渐渐滋生，特别是有些人获得高级教职是靠送钱，而不是因为一生的奉献或符合遴选资格。经过大约两个世纪，教士的威信不复从前，滥权放纵、宽于律己使他们名声受损。民众不满，怨言四起。1517年德意志神学家马丁·路德钉在维滕贝格城堡（Wittenberg Castle）的教堂大门上的文件*中就列举了一些这样的不满。路德此举标志着新教自此诞生，与天主教会决裂。[12]

---

* 指九十五条论纲。

人口大量死亡使社会一蹶不振，民众悲伤绝望。幸存者亲眼看着邻居和亲朋好友纷纷死去，觉得自己也活不久。这种态度反映在了当时的艺术中，使我们窥得当时人们创伤累累的心灵。先是各地都出现了对死亡的描绘，通常表现为骷髅骨架这类东西。大批人开始病死时，人们转向了圣物和祈祷，觉得这些能给他们提供保护。但是，随着他们眼看自己的亲人相继死去，他们对自己信仰体系的信心发生了动摇。大瘟疫降临西方一代人的时间后，社会上弥漫着悲观无助的气氛。这场灾祸造成大约7500万人死亡，相当于当时世界全部人口的一半。有些人病急乱投医，转向江湖骗子和神秘主义。许多其他人则采取了及时行乐的态度。他们觉得自己反正没有活路，于是开始聚众淫乱、强奸抢劫、杀人越货。在15世纪的英格兰，1/4的人没有结婚。在那个时代，这是个惊人的数字。

人们想为自己的悲惨境遇寻找替罪羊。中世纪欧洲找到的替罪羊是犹太人。犹太人在大瘟疫时代的恐怖遭遇可能仅次于纳粹大屠杀。[13]犹太人被指控在水井里下毒，导致人生病，以达到他们霸占基督教世界的目的。就连死于瘟疫的犹太人也被指控散播疾病。民愤所向还包括被怀疑施行巫术魔法的人。

14世纪瘟疫来袭时，英格兰有600万人口，许多专家认为，那是当时土地承载能力的极限。不出几年，这个数字就降到了200万。直到300多年后的18世纪，人口才开始恢复。

后来，瘟疫每隔两年就来一次，名字五花八门，有时叫黑死病，有时叫大疫病，有时叫大死亡，似乎病魔是回来清扫它上次漏掉的人命。很难真正实现复苏，因为人们很自然地认为自己命不长久，任何计划都是根据这个最坏的打算来做的。

无法知道一共死了多少人。估计是7500万，但这个数字可能没有包括无数偏僻的农庄、小镇，甚至城市的死亡人数。当时西欧的全部人口稍高于1.5亿，这就意味着那里人口的一半左右都死于瘟疫。（若是放在今天，按照这个比例，只是欧洲就要死3亿多人。）[14]

瘟疫造成的影响极为广泛。现代世界的人口数量以几何级数增加，甚至到了威胁地球生态系统的地步，所以对我们来说，人口崩溃是难以想象的。[15]只有科幻小说才会描写人都死光、耕地抛荒回归大自然的题材（切尔诺贝利核电站灾难发生后，野生动植物就重新占领了荒废的电站）。然而，这正是当时疫情重灾区发生的情况。

例如，西欧暴发瘟疫之前，几乎没有土地建立更多的农庄。瘟疫来后，大批人短时期内死亡，使情况大为改变。大约40%的人口病死后，他们留下的土地和房屋被原来一无所有的农民占有。费大力气伐木开垦的大片耕地现在又回到了自然状态。对于习惯看到环境不断受到人类侵占的现代人来说，看到大自然做出反击，夺回了土地，也许是件令人振奋的事情。

瘟疫到来之前，农民不敢抗议恶劣的劳动条件；瘟疫过后，形势大变。按照芭芭拉·塔奇曼的意思，黑死病可能催生了现代人。突然间，受益者常常以“神授”为名来捍卫的秩序井然的阶级制度不再重要，贵族出身和血统观念逐渐让位于平等和择优的思想。人口危机总会引起关于平衡的问题，一般提关于动物生态系统这类问题比较容易，涉及人类社会则难以作答。例如，曾经流传一个主张，说因为13世纪蒙古人的征服战争造成了令人难以置信的大量生命损失，所以成吉思汗可能缩小了人类在地球上的碳足迹。这是值得庆祝的事吗？如果今天全球人口达到空前高度的部分原因是我们大幅降低了历史上疾病造成的死亡率，那么我们是否无意中打乱了维持万物平衡的自我纠错系统呢？[16]

可能一个乐观主义者（还是应该说悲观主义者？）会指出，大自然的演变永无停歇。人与微生物的这场战斗远远没有结束。大自然经常提醒我们，总是会有新的微生物来取代不再有效的微生物。[17]

1918年的那个世纪，现代化程度最高的社会觉得大瘟疫这种事只可能发生在从前，但那一年，人们再度警醒，认识到假如条件具备，即使看似平常的病也可能威胁到文明的生存。一种后来被称为“西班牙流感”的病在第一次世界大战的腥风血雨中降临，很快，它造成的死亡人数就大大超过了战争。[18]

这场流感最令人震惊之处也许在于它的来临正值人类在医学领域突飞猛进之际。但是，美国士兵开始出现流感症状时，专家们却一筹莫展。作家约翰·巴里（John Barry）在《大流感》（*The Great Influenza*）一书中描述了一些水兵如何莫名其妙地开始耳鼻出血，还有咳血。巴里写道：“有些人咳嗽得如此猛烈，以致后来通过尸检看出，他们的腹肌和肋骨软骨都撕裂了。”很多人陷入谵妄，或感到剧烈头痛，“好似头颅里双眼后面的地方有人在往里打楔子”，还有人“全身疼得好像骨头在裂开”。有些病人的皮肤呈现出奇怪的颜色，从“唇边或指尖稍显蓝色”到皮肤“黑得看不出是白人还是黑人”。

这些异常症状出现的两个月前，一艘英国船上有船员经受了类似的痛苦后死去。解剖尸体后发现，“他们的肺部就像死于毒气或鼠疫的人的肺一样”。

更令人心悸的是疾病传播的速度与范围。巴里写道，虽然尽力把仅仅接触过病毒、尚未出现症状的人都隔离起来，但“波士顿支队到达4天后，费城就有19名水兵住进了医院……尽管立即把他们和每一个曾与他们接触过的人都隔离了起来，次日还是有87名水兵入院……两天后，又有600人因这种怪病住院。医院的病床全部住满，医护人员也开始得病”。随着军队医院人满为患，官员开始把新患者送往普通医院，同时，军事人员继续在全国各地的基地之间流动，传染的人越来越多。

费城开始的这场传染病（至少它最危险的表现是在费城开始的）迅速传播。当时世界大战还在打，现代交通运输能力又突飞猛进，所以病毒从一个地方传到另一个地方比之前的任何一次传染病都快得多。疫情的暴发和第一次全球化的碰撞产生了毁灭性的结果。[19]疫情最严重时，美国一些城市等于停止了运行，人群聚集区全部关闭，以防人们传播疾病。[20]人们害怕染病，不敢去上学上班。对患病的这种情有可原的恐惧似乎造成了一些地方社会活动的停滞。[21]今天的流行病专家估计，到

1920年疫情减退时，这场流感造成了5000万~1亿人的死亡。巴里写道："大约一半死者是二三十岁年富力强的男女。""如果死亡人数接近估计的上限，那么流感病毒就杀死了当时8%~10%的青年人。"[22]

这场疫情令人瞩目，不光是因为它造成了大量死亡，也是因为它的破坏来得太过迅疾。虽然从疫情开始到结束共用了两年时间，但"病死的人可能2/3都是在24周内死去的，死亡总数的一半以上集中发生在更短的时间内，从1918年9月中到12月初"。如此短暂的时间内发生如此大的破坏，使人茫然无措，甚至有可能破坏社会稳定。

疫情发生时，我们已经对生物医药有了相当的了解。我们知道细菌会传播疾病；我们知道应该避免接触以防传染。的确，医生很快就发现，在费城使水兵病死的是一种流感，但它与以前的流感都不一样，用尽各种办法也遏制不住。地球全部人口的1/5受到感染，5%因此而病死。单就数字而言，它是人类遭受过的最致命的瘟疫，但从存活人口的百分比来看，它离14世纪中期横扫西欧的黑死病还差得远。所以，虽说人类并未逃过一劫——西班牙流感造成的破坏既深且广——但情形本来可能会糟糕得多。

仍可能发生十分严重的疫情。今天的我们和被西班牙流感打了个措手不及的那代人一样自大。许多人认为，过去的那种大瘟疫更像是科幻小说的题材，实际生活中不会发生。[23]但是，传染病专业人士看到，埃博拉或马尔堡这类疾病的病毒在偏僻地区小范围内能够造成可与黑死病相比的破坏。他们非常清楚，世界某一个地区的出血热病毒或另一个地方的禽流感病毒变异能提醒我们注意，我们的文明和“泰坦尼克号”一样，不是永不沉没的。而且，甚至不需要新病毒也能造成文明崩塌。

1978年9月11日，名叫珍妮特·帕克（Janet Parker）的英国妇女成为官方记录上最后一个死于天花的人。她染上天花本身就很奇怪，因为那时这种病几乎在全世界都已被消灭，极少数罹患天花的情况通常都发生在亚热带的偏远乡村这种天花病毒的最后阵地。然而，帕克是在英国中部的现代城市伯明翰染上天花的。她工作的房间楼下是一个实验室，里面存有繁殖力极强的天花病毒样本。据信她不知怎么在楼下的实验室染上了病毒。她曾接受过天花疫苗接种，但近期没有。[24]

帕克的死成为一个主要原因，促使世界卫生组织下令把现存所有天花病毒样本都集中在两个保安异常严密的地点，一个在美国，一个在俄罗斯，两地各存一份活体天花样本。[25]自那以来，人们一直在辩论是否应该毁掉那些样本，以彻底消灭天花的威胁。美俄两国政府都反对这个主张，说这些样本是重要的研究材料，也许有一天用得着。[26]

2011年，时任美国卫生和公共服务部部长凯瑟琳·西贝利厄斯（Kathleen Sebelius）在《纽约时报》发表专栏文章，列举了政府认为应该保留天花样本的一些令人心悸的理由，包括其他国家可能自己偷偷地保留了样本，或者有些样本可能贴错了标签或被塞在什么地方忘掉了：“保留样本也许有一点点风险，但美俄两国都认为，现在就销毁样本带来的危险大得多……全球公共卫生界假设所有国家都诚实行事；然而，没有人曾经试图核查或证实过对世界卫生组织提出的关于销毁活体天花病毒的要求的遵守情况。很有可能仍然存在着未披露或被遗忘的病毒库存。”

事实上，已经不止一次发现了这样的库存。[27]我们只能希望它们永远不会被恐怖分子发现。

过去黑死病类型的病原体已经被当作武器使用过。关于黑死病的一个由来已久的理论是，蒙古人将它带到了欧洲，在攻击欧洲大城市的同时传播这种疾病。据说他们把死于黑死病的病人尸体越过城墙扔进城里。这个说法真伪难辨，但是，20 世纪 30 年代和 40 年代，日本军队故意把黑死病的病毒接在跳蚤身上，然后把跳蚤空投到中国的城市，这却是毫无疑问的确凿事实。

自那以来，细菌战的复杂性和重要性大大增加。事实上，以空投病菌的方法来对付一国的民众现已成为全球武库中最可怕、最具破坏潜力的威胁。核武器和化学武器非常恐怖，但它们的致命性都有限。致死的病原体却能够由一个人传给另一个人，[28]其致命性可能持续好几代人（甚至直到永远）。因此，一场人为的瘟疫可能比过去大自然加诸人类的任何瘟疫都更加严重。[29]

还有新疾病呢？几乎每一年，都有从猪、家禽和鸟类身上传染给人的新型流感。西班牙流感暴发后，人们才知道它的存在。艾滋病的出现也完全出人意料。[30]有一些疾病已经被“消灭”，但由于病毒自身的变异，或因疫苗、治疗、抗生素或解毒剂等应对方法不再那么有效，也可能卷土重来。

对于流行病造成的大规模死亡，注意力一般都集中于其直接影响，这是很自然的。但是，其涟漪效应经常同样影响巨大。读一读今天的专业文献，就可以清楚地看到，现代政府既担忧将来的任何病原体直接造成的危险，也同样关注公众的恐惧、茫然和非理性造成的危险。[31]历史表明，这样的担忧是有道理的。

的确，今天对天花最大的担忧是，这种曾经造成巨大死亡的疾病一旦再次暴发，可能会引起大规模公众恐慌。例如，1947年纽约报告了一起天花病例，结果国家动用了军队，在极短的时间内给600多万纽约人（相当于大屠杀中被害的犹太人总数）接种了疫苗，以抵御这种过去一年杀死600万人不在话下的病原体。

即使是艾滋病这种传播缓慢的疾病，它刚刚进入公众意识时，也造成了各种惊慌、反弹和充满偏见的反应。20世纪80年代，人们谈“艾”色变。想象一下，如果艾滋病像霍乱或天花一样，能够通过空气或水来传播，而且几天内就能置人于死地，那么公众的反应会尖锐到何等程度？如果死亡率升至灾难水平，很难想象人类社会能够做出理性或人道的反应。过去，社会在瘟疫的压力下发生巨变，有时几乎崩溃。如果我们像黑死病肆虐期间一样，面对着高达50%、60%，甚至70%的病人死亡率，可能我们也会和那时的人一样：转向宗教，改变社会结构，怪罪不受欢迎的少数民族和群体，或抛弃以前的信仰系统。从以往时代的人对灾难事件的回应中，我们可以汲取经验教训，可以自问：现在我们掌握了这么多的现代技术以及科学和医学知识，如果遇到类似的灾难会如何回应？我们对于造成流行病的科学原因有了更多的了解，这在多大程度上能减轻在流行病威胁面前自然产生的正常恐惧和惊慌？

不错，我们的医学工具箱里有许多抗击现代疾病的工具，但现代世界也给了病原体一些优势。毕竟，我们生活在一个空前互联的世界中。传染病传播的规模和速度都远远大于以往。一场瘟疫级别的疾病能够在专家尚未意识到出了问题时就已经传遍全球。

以前那样严重的瘟疫有可能从此绝迹吗？在作家H.G.威尔斯著名的经典科幻小说《星球大战》中，外星人本来要征服地球，最终却被地球上的病菌打败。我们只能希望自己不要先被病菌这个地球的保卫者干掉。

7

生者和死者

人类早在有史之前就形成了集体行为模式，除非打破这种模式，否则将来某个时候一定会爆发全面核战争。自从第一批城市在美索不达米亚崛起以来，地区或全球地缘政治对手在任何时候、任何地方都彼此虎视眈眈。希望这种情况永远不再发生是不现实的。尽管历史上有过和平时期，但战争总是存在。不过，下一次总体战将是首次交战双方都拥有威力无匹的武器的战争，那些武器强大到足以摧毁文明，高效到在一个下午的时间内就能做到。

1961年10月30日，一架经过特别改装的苏联飞机在北极的一个试验场投掷了一枚将近6万磅重的5000万吨当量的热核炸弹。这枚当时被称为“氢弹”的炸弹威力巨大，可以说是空前绝后。试验的部分意图是向美国明确无误地展示苏联拥有的破坏能力。但试验远远超过了这个目的，它向未来发出了一个信息。

事实上，苏联本来想试爆一枚威力大得不可思议的1亿吨当量的炸弹，[1]但是参与项目的一位物理学家，后来的持不同政见者兼和平活动家安德烈·萨哈罗夫（Andrei Sakharov）劝说尼基塔·赫鲁晓夫放弃了这个想法。萨哈罗夫对5000万吨当量炸弹的破坏力已经非常忧心了。

截至那时，爆炸过的最大核武器是一枚1500万吨当量的氢弹，是美国1954年在太平洋进行的名为“喝彩城堡”（Castle Bravo）的核试验中试爆的。如此巨大的爆炸是否会引发无法控制的连锁反应？辐射微尘是否会影响整个地球？这些都是严重的问题。（“影响”的确切意思也并不清楚。）关于超大型炸弹，仍有许多未经证明和仅停留在理论层面上的东西。“喝彩城堡”核试验就突出显示了对炸弹威力的估量并不确切。首先，它本来不应该那么大。那枚炸弹超出了所有人的意料，威力比预估的高了一倍。有几位科学家甚至担心空气本身会着火。

苏联的巨型炸弹在西方被称为“沙皇炸弹”，历史学家约翰·刘易斯·加迪斯（John Lewis Gaddis）在《冷战》（*The Cold War*）一书中对它做了这样的描述：“（它是）人类在地球上引爆的最大爆炸，可谓空前绝后。火光在600英里外都看得见。爆炸的火球，借用目击者的话说，像朱庇特那样强大高傲，似乎把整个地球都吸了进去。”

加迪斯接着写道："蘑菇云直上40英里，到达了平流层。爆炸发生的岛屿完全被夷平，不仅冰雪，就连岩石也一扫而光，试验场看起来活像一个巨大的溜冰场……根据这次试验，一种估算认为，如果试爆了原来计划的1亿吨当量的炸弹，火海将吞没马里兰州大小的地区。"投弹飞机上的机组人员可能也会全部丧命。[2]

人类正进行着一场持续70多年的实验。这场实验要回答的问题是：我们能否驾驭我们创造出来的武器。既然武器的威力不可能减弱，这场实验就只能以我们发现自己无法驾驭这些武器而结束。

人类这个物种表面上适应性很强。适应环境变化的能力使智人得以克服无数挑战，达到了目前文明的水平。21世纪的我们生气勃勃，人口空前众多。但是，未来有几个重大问题可能会扭转文明的发展，除非我们能够再次调整适应。

有人称当今的人类历史时代为"长期和平"。70多年来没有发生过大国之间的战争。自从美索不达米亚文明诞生以来，大国间战争就没有停过：两次世界大战、历次拿破仑战争、（欧洲）三十年战争、（英法）百年战争、三次布匿战争。最强大的国家之间的大规模战争在人类历史上是常态，直到大约75年前才不再发生，那也正是人类武器的威力实现巨大突破之时。这并不是说没有发生过流血冲突（可叹人类暴力从未间断过），但是，我们避免了超级大国间的重大冲突。是不是以后不会再发生大型战争了呢？

难以想象我们的社会能摆脱与人性相关的问题，如性、贪念、兴奋剂、暴力……但战争呢？[3]我们能放弃战争吗？要避免噩梦般的结果，就需要调整适应，而这要求改变人类似乎是与生俱来的行为。在这种情况下，很容易感到悲观。即使我们认识到某些行为会导致自我毁灭，因此予以放弃，也很难信心满满地确定我们不会故态复萌。我们也许能守一段时间规矩，但是，要保持对核冲突的警惕，需要"永远"守规矩，那可是很长的时间。[4]

自从石器时代以来，人类就一直在改善武器。武器技术有时连续几个世纪都变化不大。直到不久前，来自不同历史时期的军队如果彼此打仗，可能还做得到势均力敌。例如，矛枪、弓箭和骑兵存在了很久很久。（有时，军事上的改进并不涉及武器。）[5]

但是，拿破仑时代过后，最先进军队的杀伤能力真正开始增长。到19世纪末，以工厂、流水线和现代科学以及不断以技术创新为特征的工业化使战争脱胎换骨。从1815年的滑铁卢战役到1870年的色当战役，军队的规模增加了一倍，到1914年第一次世界大战爆发时再次翻倍。武器威力的增幅更大。第一次世界大战中使用的最大火炮发射的炮弹比一个世纪前拿破仑的重炮都重，1914年步兵使用的步枪射程超过了18世纪的马拉炮。这一切都有民族国家的财富、实力和人口做后盾。不长的时间内，大量杀人的能力几乎增长到了不可思议的程度，持续努力以保持领先地位比过去任何时候都更加重要。[6]在最新的装备、战术和方法上面落后可能招致军队（可能还有国家）的灾难。[7]科学家因此而成为对战争努力厥功至伟的贡献者。[8]

第一次世界大战中使用的20世纪的技术使每个人都恐惧战栗。那场战争中纯常规武器所造成的破坏令人震惊。另外，科学对世界武器库的新贡献包括相当于杀虫剂的可怕杀人手段——喷杀蚂蚁一样杀人的毒气和化学制剂。

1918年战争结束时，各种武器已经如此可怕，以后还会发展成什么样子？因此，可以理解大战后人们为什么做出努力，希望确保全球冲突不致重演。

然而，不到20年后，一种威力惊人的新式武器即将面世。

1938年，随着战云在地平线上聚集，德国科学家的一项发现预示着原子的武器化。1939年8月，距第二次世界大战爆发不到一个月，阿尔伯特·爱因斯坦写信给美国总统富兰克林·罗斯福，警告说可能会发明出原子超级武器。他在信中明确指出，这种可能性也许不久后就能成真：

> 有可能在大量的铀中引发核连锁反应，释放出巨大的能量和大量与镭相似的新元素。现在看起来几乎可以肯定，这件事不久后就能做到。
>
> 这一现象也可用来制造炸弹，可以想象（虽然不能完全肯定），如此制造出的新型炸弹威力极强。只要用船把一枚这样的炸弹运到港口引爆，就很可能摧毁整个港口，外加周边的一些地方。然而，这种炸弹可能太重，无法空

中运输。

需要指出，像罗斯福总统这样生活在原子时代之前的人虽然得到了很好的教育，却仍然不能完全理解爱因斯坦所提出的警告。[9]对于自己不懂的信息该怎么处理呢？[10]美国总统的处理办法是启动了制造原子弹的方案。

该方案称为“曼哈顿工程”，是研发超级武器的多国合作，是投入宝贵资源的一场豪赌。它耗资巨大，集中了来自世界各地的科学家和专家，有整整一个小城的人参与研发和试验的秘密工作，力争抢在敌人前面发明出这种武器。战争爆发后，这似乎成为一种防御措施，毕竟对方也有出色的物理学家（爱因斯坦在离开德国前就是其中的一个）。

古埃及或美索不达米亚的人会懂得执行曼哈顿工程的地缘政治现实主义理由。对于创造一种使人类能够更加有效地彼此杀戮的巨型炸弹，一些参与的科学家肯定有所保留，但是如果纳粹捷足先登获得这样的超级武器，那将不啻噩梦成真。

经过数年努力，1945年7月16日，在新墨西哥州的托立尼提沙漠里进行了代号为“三位一体”的核试爆。核试爆不仅取得了成功（本来不能肯定必然成功），而且威力比参与研发的物理学家预计的更强大。[11]核弹引爆后，参与的科研人员如释重负、兴奋自豪，但也心情复杂。他们中间许多人已经感到，这种武器的威力以后会越来越强。

罗伯特·奥本海默有时被称为“原子弹之父”。1965年，他在一个名为“投弹的决定”（The Decision to Drop the Bomb）的节目中接受采访时这样描述了原子弹爆炸那一刻的情景：

> 我们都知道世界将从此不同。有几个人笑。有几个人哭。大多数人沉默不语。我想起了印度教经典《薄伽梵歌》（*Bhagavad Gita*）结尾处的一句话。毗湿奴神（Vishnu）想说服王子担起自己的责任，为了使王子敬畏，他现出千手化身说：“现在，我成了死神，世界的摧毁者。”我想，当时我们在场的所有人恐怕都想到了这一点。

背景形势不容忽视，原子弹试爆不是在真空中进行的。需要记住第二次世界大战最后一年的情形。很多人认为，就战争的绞肉机性质而言，那是“二战”最惨烈的一年。1945年，整座城市从地图上被抹掉这种事每周都发生两三次。如果说第二次世界大战证明了什么道理，那就是，不管各国在和平时期签署了多少武器条约，或对武器做出了何种限制，一旦它们陷入总体战，存亡系于一线之时，那就没有任何武器在道德上是绝对不能使用的。[12] 战争初始阶段，轰炸城市使全世界为之发指，到1945年却司空见惯，1939年表现的那种愤慨好像成了战前心态的有趣残余。对一些人来说，原子弹这个新武器不过是一种更高效经济的方法，用一架飞机就能完成目前使用成百上千架飞机才能完成的袭击任务。

如今关于对日本投掷原子弹所涉道德问题的讨论中，这一点经常得不到足够的强调，但当时它在很多人心中一定是一个重要因素。原计划用这种新型超级炸弹来轰炸德国，就像同盟国使用常规炸弹夷平第三帝国一样。德国几乎每一个大型和中型城市都被炸平。[13] 1945年5月，成功举行“三位一体”核试爆的两个月前，纳粹德国投降，但盟国和日本的战争仍在继续。

1945年，日本和德国一样，遭到常规炸弹的密集轰炸。它的城市被有系统地烧作平地，如果不是对日本投掷了原子弹，美国还会继续这样打下去。1945年3月，向广岛投掷原子弹的5个月前，美军300多架重型轰炸机飞抵东京上空投掷燃烧弹，造成10万人死亡，约100万人受伤，把东京17平方英里的地方变为火场。[14] 8月投掷原子弹的时候，东京已经被之前的燃烧弹轰炸毁得满目疮痍，50~60平方英里的地方被完全夷平，所以被移出了优先目标清单。还有60多个其他日本城市也遭到了同样的下场。

今天，我们谈到美国对日本投掷的两颗原子弹[15]时，一般倾向于在投弹的道德性这一背景下开展讨论。事实是，决策者几乎肯定不像我们以为（或希望）的那样，可以从不同选项中做选择。一种观点认为，杜鲁门总统可以不用原子弹而采取别的办法，这种想法也许与当时的政治现实有些脱节。[16] 如历史学家加里·威尔斯（Garry Wills）在他的著作《爆炸的力量》（*Bomb Power*）中所说，“如果人们得知美国掌握了决胜武器却不用，那么在原子弹制成之后阵亡的美国军人的家人将十分愤怒。公众、报界和国会将对总统及其顾问大兴问罪之师。将出现弹劾杜鲁门总统、把格罗夫斯将军送上军事法庭的呼声。政府将被定罪，说它花费几十亿美元，从其他作战项目那里抽调大量人才和人力，却毫无实际作用”。

当然，原子弹轰炸有其独特的恐怖之处。经历过24小时或36小时常规轰炸的人后来描述过那种奇怪的感觉：进防空洞时城市还好好的，再出来看到的却是一片废墟。不过，那至少还是过了一段时间，可能是几个小时；这给了亲历的人消化的时间，使之能够理解所发生的事情。原子弹爆炸的最初破坏却是瞬间完成的。在仅有的两次对人类发动的原子弹轰炸中，遭到轰炸的人大多完全蒙了。无论如何，许多人还没醒过神来明白自己遇到的事情，就已经死于创伤或核辐射。

（8月6日和9日）对广岛和长崎投掷的原子弹一共杀死了20多万人。受害者成为世界历史上仅有的人类遭遇核攻击的案例。他们是活样本，是身不由己的小白鼠。[17]这促使有些人站出来分享自己的故事，宣讲核战争的恐怖。

其他人记下了目击者的所见所闻，为子孙后代保留下这份记录。作家苏珊·索萨德（Susan Southard）在她的著作《长崎》（*Nagasaki*）中写道，原子弹投下一秒之内，爆出了一个直径750英尺的大火球，里面的温度达到54万华氏度（约30万摄氏度），比太阳中心的温度都高。“横扫而来的冲击波以2.5倍于5级飓风的速度卷过整个地区，把房屋、树木、植物、动物和成千上万的男女老幼化为齑粉。四面八方都有人被冲击波从掩体、房屋、工厂、学校和医院病床上扫出，砸到墙上，或被压在倒塌的建筑物下。”这一切都发生在刹那间。

广岛的一位幸存者柴山弘（Hiroshi Shibayama）看到了爆炸，跑向爆炸发生的市中心。他写道：“人们被烧得面目难辨，全身焦黑，好像盖满了烟炱。他们的衣服成了碎片。很多人身无寸缕。他们的手在身前荡来荡去，手上和胳臂上的皮肤剥落下来挂在手指尖。他们的脸不是活人的脸。”现代读者看了幸存者的叙述，不由得目瞪口呆。

如果发生第三次世界大战，核战争的幸存者很可能会有类似的经历。[18]但是，正如第一次使用了那两颗原子弹后人人心里都清楚的，到下一次大战爆发时，核弹会更大、更多，交战双方都会有核武器。如果使用的不是两颗小原子弹，而是200颗大原子弹，把世界毁得无法修复，又该怎么办呢？[19]

据说阿尔伯特·爱因斯坦说过，他不知道第三次世界大战会使用什么武器，但在那以后再打仗使用的就是棍棒和石头了。据说空军将领寇蒂斯·勒梅（Curtis LeMay）发明了“把某某炸回石器时代”这个说法。[20]这两句话无论是不是这两个人说的，都表达了未来的全面战争将造成人类文明倒退的意思。人类在历史上第一次创造出了威力如此强大，以至于有可能导致黑暗时代的武器。

过去1000多年间，人类从未真正丧失过能力或经历过倒退。很容易忘记，有些东西可能给我们造成巨大破坏，正如许多世纪之前瘟疫[21]、地震或大规模火山爆发给文明带来的毁坏。史无前例的是，现在的人如同掌握了上帝的力量，可以下令造成这样的大破坏。摧毁文明的核浩劫是人的行为。如果发生这种事，那是因为一个人或一群人决定要达成这样的结果。火山爆发或海啸来袭可都不是遵从人的命令发生的。古希腊有许多神话讲的是人获得神力的故事。[22] 什么样的人或人的集体能够负责任地行使这么大的力量呢？[23]

核武器的面世使得有史以来第一次只需一个人就能消灭几千万人，甚至是几亿人，而且随着运载技术的进步，几分钟内就能完成。历史上，无论是成吉思汗，还是亚历山大大帝，还是阿道夫·希特勒，都远远不具备这样的能力。13 世纪，如果蒙古大汗成吉思汗决定粉碎一个帝国或国家，那是需要一些时间的。如果那个国家幅员辽阔，那也许就需要数十年。然而，如果理查德·尼克松总统在 1969 年决定对某个国家发动核攻击，他在一个下午就可以消灭 1 亿人。

人类若是像对待历史上发明的所有其他高效武器那样对待这种新型超级武器，下一次世界大战就将动用近似神力的毁灭能力。目击了原子时代诞生的数百人中，有许多人在看到沙漠中“三位一体”试爆的那一刻就意识到了这一点。如奥本海默所说，“现在，我成了死神，世界的摧毁者”。

对于原子弹，美国人民的反应和科学家一样，忧喜交加。如果你身陷一场世界大战，己方获得了超级武器，这绝对看起来是好事。[24] 历史学家迈克尔·谢里（Michael S. Sherry）在《战争阴影下》（*In the Shadow of War*）一书中描述了美国人听了杜鲁门总统在投下原子弹后发表的电视讲话之后的反应。总统在讲话中告诉美国人民和全世界，美国对日本使用了原子弹，并解释了这种新武器是什么以及使用它的理由。“有些人为美国的成就感到自豪，很高兴对日本人报了一箭之仇。”少数人希望战争继续打下去，好对日本多投几颗原子弹。“别的人，特别是觉得若是不使用原子弹就只能入侵日本的军人，欢迎原子弹加速了和平的到来，也欢迎原子弹成为保证和平持续的工具。”

还有些人的看法完全不同。在他们看来，原子弹证明了现代战争是灾祸。也有人对未来充满了不祥之感。哥伦比亚广播公司的新闻主持人爱德华·默罗（Edward R. Murrow）是这样说的：“战争结束了，战胜者却感到如此恐惧不安，感到前途茫茫、生死难料；这种情况非常少见，甚至从未有过。”

对第二次世界大战刚结束后的几十年间成长起来的人来说，核冲突的幽灵挥之不去。人们谈的是它，写的是它，唱的是它，做噩梦梦到的还是它。美国孩子在学校经常举行紧急演练，练习一旦发生核攻击该怎么做。当时的文学作品和通俗娱乐节目中，原子战争（后来是热核战争）的主题无处不在。“世界末日”成了广为使用的比喻，也成了幻想的题材。哪怕你生活在所谓的中立国也不管用，因为如果第三次世界大战爆发，没有任何地方能够逃脱辐射微尘。超级炸弹发明出来后，科学家、军人、从政者、艺术家和哲学家等各界人士都开始思索第三次世界大战爆发的可能性，视其与自己的生存息息相关。

我们看到过的代表着“是或否”两种可能的岔路口在这里

再次出现。事情要么一如既往，要么不会。也就是说，要么人类历史上还会发生一次（或多次）大战，要么永远不再会发生大战。两个场景随你选。

帮助创造了超级炸弹的一些人意识到，自己把有史以来最强大的武器交到了一个相当暴力的物种手里，于是开始寻找此事潜在的好处。也许人类最终出于恐惧，为了自保，会宣布放弃战争这个自历史曙光初现就与人类如影随形的活动。奥本海默说："不需要原子武器来使人希望和平，但原子弹加大了压力。原子弹使得未来的战争让人承受不起。"理想主义变成了现实主义（否则不堪设想）。

物理学家阿瑟·霍利·康普顿（Arthur Holly Compton）[25]写道："人有了毁灭性如此巨大的武器之后，要想继续生存，就必须迅速提高修养。需要达到认知的新高度。用原子的力量来造福人类功在千秋，误用这种力量则将导致死亡和千年文明的毁灭。"

"必须迅速提高修养"，说得太好了。"千年文明的毁灭"也一语中的。这段话婉转地说明了一个道理：我们这个物种必须更加明事理，否则就得死。

爱因斯坦对于"不适应就得死"这个问题好像比较悲观："原子释放出来的能量改变了一切，除了我们的思维模式，所以，我们身不由己，日益接近前所未有的大灾难。"后来，他进一步说明了他的意思：

> 许多人问到我最近说过的一句话，“人类要存活下去，更上一层楼，就必须发展出新型思维”。
>
> 一个物种在进化过程中，常常需要适应新条件才能活下去。今天，原子弹深刻地改变了我们所知世界的性质，使人类置身于一个新环境，因此人必须调整自己的思维。
>
> 新的知识表明……最终建立世界级国家不仅在四海之内皆兄弟的意义上是个好主意，而且对人类生存十分必要……今天，我们必须放弃竞争、确保合作。我们对国际事务的一切考虑都必须以此为中心，否则必定会发生灾难。过去的思维和方法没能预防世界大战。将来的思维必须预防战争。[26]

这是认知道路上的一个岔口。人类必须深刻改变自己，否则就会被自己创造的东西毁灭。就连宣扬这个观点的人也承认，要人类改变自己一贯的行为方式十分困难，但他们坚持认为，除此之外别无选择。[27]这种世界观归根结底是在考验我们人类为之自傲的适应性。我们要么适应成功，要么就只能在未来的某个节点迎来使用核武器的大决战。

认知道路上的另一个岔口是，人类可能一如既往，古老的习惯根深蒂固，无法根本改变。一些持此观点的人争论说，要我们这个物种适应演化到必要的程度实在难以做到，莫如找办法尽量减轻坏的结果。还有人不接受原子弹这种新型武器本身是坏东西的前提，他们支持原子弹，认为重要的是谁来使用，这才是决定原子弹是好是坏的关键。

第二次世界大战硝烟散去，人们的情绪趋于冷静之后，开始思索该如何处理这种武器技术。怎么才能控制它？别的国家也获取了这种新型武器怎么办？[28]1945年和1946年，美国国内就这些武器应该由谁来掌管等问题辩论不休。军方似乎是合乎逻辑的选择，毕竟其是武器的使用者。但是杜鲁门总统不同意。[29]最后决定，从今往后，只有美国总统才有权下令使用这种超级武器。

但是，个人掌握这么大的权力是美国宪法的起草者未曾预见到的。历史学家加里·威尔斯写道，这是原子弹的副作用之一，它改变了美国的宪法制度。威尔斯说："将'世界的命运'寄于一人，却没有制约他的宪法规定，这造成了我们整个政府制度的猛然断裂。"可是，人们接受了这个改变，因为"他们觉得这是技术造成的无情现实"。比方说，如果敌人的导弹已经在空中向我们飞来了，总统怎么能有时间和政府的其他领导或部门磋商呢？

威尔斯说，总统被赋予了这种空前的权力后，总统职务的性质就发生了不可逆转的改变。

新型武器正在改变国家层面上美国政府的行为方式。与此同时，人们也开始辩论这类武器在人的层面上可能会促成何种改变。开始做出积极努力，想把核魔鬼塞回瓶子里去，从地球上消除原子武器，好似从未被发明出来过。[30]

的确，1945年10月，日本投降刚刚一个月后，杜鲁门总统在对国会的一篇讲话中说，文明的希望在于达成国际协议，放弃使用和发展原子武器。同年11月，他开始和加拿大及英国的领导人一道制定限制核武器的政策。据核问题专家约瑟夫·奇林乔内（Joseph Cirincione）说，那实质上是第一份核不扩散协议。

金融家伯纳德·巴鲁克（Bernard Baruch）受命在1946年6月14日召开的联合国原子能委员会第一届会议上提出这项计划。他用《圣经》的语言来表示兹事体大。“我们在这里是在生者和死者之间做出选择。”巴鲁克在讲话中这样说，* “这是我们的工作。如果失败，所有人就都会沦为恐惧的奴隶。”他的提议包括把世界上所有的铀和钍[31]，以及所有的核爆炸物和制造原子弹所需其他部件都集中到一个地方，将其置于一个被他称为国际原子发展署的机构控制之下，“由它负责原子能发展和使用的全过程”。

此时迅速变为冷战[32]“对手”的苏联反对这项计划，很大程度上是因为美国虽说要放弃对原子武器的垄断，但它要求其他国家先宣布放弃发展原子武器。按照美国的计划，它可以继续保留核武库，几年后再销毁，这样美国就得以维持自身优势。苏联则提出，美国须立即销毁核武器，然后世界其他国家再想办法确保不发展核武器。

---

* 他讲话的英文原文使用了“the quick and the dead”，这个表达方式来自《圣经·新约》。

在军事历史学家格温·戴尔看来，两个超级大国交恶是意料之中的事。他将其比作过去的地缘政治对手间的竞争，说民主对抗共产主义的冷战动态与宗教在16世纪和17世纪的战争中的作用非常相似。他写道："每一方都有在意识形态上滴水不漏的理论，说明敌方为什么如此怙恶不悛、侵略成性。""在一位生活在17世纪的西班牙或奥斯曼外交官看来，1945年后的事态发展毫不意外。对他来说，共产主义和自由民主没有任何意义，不过是博弈者的标签而已，但他完全明白战胜国联盟为何如此迅速地土崩瓦解了。战争胜利后，联盟几乎总会解体，因为战胜国是留在棋盘上的最大玩家，所以它们自动成为彼此的最大威胁。"

"二战"刚结束不久，双方都有充分的理由害怕对方的能力。毕竟，它们各自的军队不久前刚打赢了大战。可是，现在它们却可能彼此为敌，而且说实话它们都强大得令人生畏。苏联拥有可能是历史上最强大的陆军——红军。即使在1945年实行了部分复员后，红军仍然实力强大、令人畏惧。[33]西方盟国依靠各种工具来夺取战场上的优势（空中力量就是一个关键组成部分），苏联则把重点放在超重的装甲、众多的大炮和大量的兵员之上。红军这支力量不精致、不细腻，但是摧枯拉朽、所向披靡。德国国防军曾被视为世界上最好的军队，但在红军面前完全被碾轧。[34]红军驻扎在其在大战中夺取的领土最前沿，占领着波兰、罗马尼亚、匈牙利和波罗的海国家，尽管那些国家的民众并不愿意接受这样。

然而，西方有杰出的空军，也掌握完全的海军霸权。西方的陆军在电子、信号、后勤和通信等方面都优于技术上比较简单的红军。它们还有原子弹。

接下来的几十年间，许多人坚信，和苏联不单可能打仗，而且难免一战。这种悲观态度影响了美国的决策。如果接受战争不可避免这一前提，那么5000多年的政治史和军事史都表明，最好在己方选择的时机和地点，在己方力量最强的时候打仗。自第二次世界大战结束以后，武器技术悬殊最大的时刻莫过于美国在“二战”刚结束不久拥有对核武器垄断的时候。世界历史上有多少领导人见此良机不会赶快抓住呢？

当时，一些强硬派力主抓住时机，在美国的优势减弱之前采取行动。众所周知，乔治·巴顿将军在部队开始复员之前曾建议说，趁着西方盟国在欧洲各地驻有随时可以打仗的现役军队，应该马上和苏联摊牌。谁也不知道机会之窗何时会关闭。[35]有些人觉得，只有傻瓜才会浪费这个大好机会。

关于如何利用美国的原子垄断，众说纷纭。杜鲁门总统的战争部长亨利·史汀生（Henry Stimson）用扑克术语来形容垄断带来的优势。他说，原子弹等于一手带A的同花顺。这么好的牌怎么能忍得住不打呢？尤利乌斯·恺撒或亚历山大大帝如果掌握了对核武器的垄断会怎么做？希特勒会怎么做？他们难道会不用吗？在迦太基名将汉尼拔同罗马共和国生死决战之际，如果给他核武器，把按钮送上，说“你一按下这个按钮，整个罗马就会灰飞烟灭”，他会马上按下按钮，还是会说“也许我应该好好想一想”？[36]

反之，开明的人对这个力量会如何利用呢？他们会将其变为行善的工具吗？西方自认为处于和苏联之间善与恶的二元之争，这影响到了其对核武器的看法。核武器经常被视为制衡红军常规军力的力量，因此是保护自由世界抵制苏联暴政的最强大法宝。

就连对核武器心怀担忧的科学家及和平主义者也出于对苏联威胁存有戒心而认为，打一场预防性核战争也许有其潜在的好处。英国哲学家兼数学家伯特兰·罗素大力提倡和平解决冲突，甚至因反对第一次世界大战而遭到监禁。“二战”结束后不久，他这样写道：“有一件事，也只有一件事能够救世界，我做梦也想不到我会提倡这件事。那就是，美国应该在今后两年对苏开战，依靠原子弹建立世界帝国。”[37]罗素在对英国议会上院的一次讲话中，提出（他认为近在眼前的）下一次战争后必须重建文明。（他认为，重建文明要用500年。）[38]

在战争的创伤仍未痊愈的时候，伯特兰·罗素和其他人表达的这种想法有其道理。今天，人类依然面对着潜在的灾难，[39]但是，现在的紧张程度与“二战”刚刚结束时大不相同。

人们明白，战争也可能在毫无预警的情况下爆发，冷战双方的领头国就都是因为遭到了破坏性的突然袭击才卷入第二次世界大战的：1941年6月，德国对苏联突然发动代号为“巴巴罗萨行动”的大规模入侵（违背了1939年签订的德-苏互不侵犯条约）；同年12月，日本对美国领土夏威夷发动空中突袭，制造了珍珠港事件。[40]

1946 年到 1952 年，原子弹从根本上改变了美国政府。同 1941 年珍珠港偷袭事件发生时相比，它在许多方面变得面目全非。不仅如作家加里·威尔斯所说，世界的命运握于一人之手，而且美国在短短几年内出台了一系列新的政策和法律，如杜鲁门主义[41]、1947 年的国家安全法和马歇尔计划[42]——在国内创建了一套新的国家安全体系，在国外调整了美国外交政策的方向，将遏制共产主义作为重中之重。也是在这个时期，中央情报局、国家安全局和国家安全委员会相继成立，它们构成了美国政府大规模重组的一部分，目的是保护秘密、对敌开展间谍活动、管理日益面向全球的军事指挥部门。

鉴于当时的世界形势，这些改变也许可以理解，但它们似乎与许多科学家提倡的通过推动人类共识来预防第三次世界大战的主张背道而驰，也与一些物理学家在 1945 年末和 1946 年期间提出的建议大相径庭，那些物理学家本来建议把原子秘密同苏联分享，以减轻紧张局势。支持这个主张的人认为，这样可以建立信任、表达诚意，能够在原子时代催生新的合作精神，避免浩劫。在现代人看来，这简直像是把军事机密交给恐怖分子。经历过战争的军方人士也认为这个建议等于发疯。

“二战”刚结束时，杜鲁门总统面临的不仅有哲学上的问题，也有实际问题。首先，美国虽不肯透露，其实它拥有的原子弹寥寥无几。另外，美国也没有特别好的手段能够将原子弹运载到目的地。

于是，接下来的两年内，美国集中精力发展必要时一声令下即可发动大决战的体系。这个复杂的武器运载体系的官方名称是“战略空军指挥部”（Strategic Air Command，缩写 SAC）。SAC 是美国一个全新的军种——空军——的一部分。[43]它的任务是奉命使用核武器摧毁苏联的主要人口中心、基础设施和工业。它是有史以来最具杀伤性的武器体系，一旦动用，至少能杀死数千万人。本来在讨论制定立法使世界摆脱原子武器之祸，不出两年，却变为要求总统批准通称为“原子闪电战”的空军战略。

爆发全球核战争的可能性对人类未来影响重大。因此，相当于哲人王的现代领导人似乎应该组织史无前例的全球论坛，和最聪明的物理学家、道德家以及其他专家一起低调并（希望是）明智地商讨如何应对这个攸关生死的挑战。然而，对现实生活和日常关注不能不考虑。政治显然是影响决策的一个因素，但预算问题和军备竞赛这类事情也会影响决策结果。有一个获得许多人认同的说法很有道理：采用原子闪电战的一个首要原因是预算，它可以节约成本。如果有一支拥有多枚原子弹的空军，也许就不需要不断购买坦克或大炮等其他昂贵的军事装备。

这在当时只是一个理论问题，因为没有关于节约成本的数据或计量标准。但有一点杜鲁门总统是可以肯定的，那就是战争结束后，美国无法长期维持战时军费的天文数字。他需要削减 70% 的军费，同时维持打第三次世界大战的能力（许多人认为下一次世界大战必定会爆发）。

许多人不赞成制定并执行将数千万（甚至数亿）平民作为美军打击目标的军事战略，这完全可以理解。反对这一战略的人当中，有一些恰好是需奉命执行杀戮行动的人——军人。

1949年10月，在关于空军原子闪电战计划的国会听证会上，发生了“海军上将造反事件”，显示出需要执行这一可怕任务的军人的强烈反感。埃里克·施洛瑟（Eric Schlosser）在《指挥与控制》（*Command and Control*）一书中写道：“一个接一个的海军上将在发言中对原子闪电战表示谴责，说轰炸苏联城市不仅是徒劳的，而且是不道德的。”外号“公牛”的威廉·哈尔西（William F. Halsey）海军上将在战争期间是南太平洋的指挥官，是他的航母作战群在1942年把詹姆斯·杜利特尔（James Doolittle）中校的飞机编队运到了离日本足够近的地方，以便能够轰炸东京。他在做证时说：“我不认同大量屠杀非作战人员。”阿瑟·拉德福德（Arthur W. Radford）海军上将战时是北方航母战斗群的指挥官，最终官至海军作战部副部长。他说：“毁灭性的战争也许能获得军事上的惨胜，但在政治上和经济上毫无意义。”海军少将拉尔夫·奥夫斯蒂（Ralph A. Ofstie）在战后巡视过日本被战火烧毁的城市，他说原子闪电战是“对男女老幼的任意大规模屠杀”。他说，这个主张“残忍野蛮，与美国价值观背道而驰”。

难以确知海军的反对多少是基于道德标准，多少是因为马上将削减军费预算，所以要极力申明自己军种的重要性和必要性。（果然，后来海军潜艇开始搭载核武器时，道德上的反对声音就明显减弱了。）

海军将领们在听证会上的证词彰显了一个后来几十年间一直困扰世界的道德问题：打核战争有合乎道德的方式吗？使用原子武器轰炸城市和平民的行为如何与美国和西方的价值观相调和？毕竟，冷战中西方一直标榜自己的价值观是它在道德上优于“不信上帝的共产主义分子”的标志。当时认为，斯大林和希特勒一样坏。他冷酷无情，“赤色分子”在全球各地蠢蠢欲动。但是，如果为了挫败心目中邪恶的极权超级大国而杀害数千万平民，在此过程中你自己会沾染多少邪恶呢？[44]使这个道德困境更加复杂的是，如果自诩占据道德高地的一方先动手呢？[45]

必须记住，我们今天已经知道了那个时代的事态发展结果：没有爆发第三次世界大战，也没有与苏联发生核冲突。我们现在是在平安之中评估当时的事态和决定，但当时的决策者感到自己正面临严重的威胁。我们现在知道的许多事情在那时是看不清的。

美国人和其他一些人提出，必须以坚定的决心来对抗苏联的残酷无情。[46]到1948年，杜鲁门已经在世界上几个地方和苏联发生过小型对峙，[47]每一次都以苏联退让而告终。但是，1948年夏，斯大林又一次对美国的决心提出了考验，他关闭了通往西柏林的铁路、公路和运河，使美国、法国和英国无法进入它们各自管辖的柏林那一部分。

在这场危机中，是否使用原子弹首次成为实际考虑的问题。据说杜鲁门已经通过推行叫作“升级优势”（escalation dominance）的战略[48]和斯大林互相进行过核威胁了。[49]如果他在柏林问题上用原子弹威胁斯大林，而斯大林不肯退让，那怎么办？美国及其盟国会攻击苏联，引爆第三次世界大战吗？发动核攻击有可能吗？飞机到位了吗？有多少原子弹可供使用？目标是哪些？轰炸并摧毁那些目标后是不是就能实现攻击最重要的目标呢？

在全球公共舆论这个日益重要的法庭上，这样的攻击会被如何看待？美国的核武器造成的破坏哪怕只有预估的一半，也会造成无数男女老幼的死亡。[50]这样做也许能证明西方的“决心”，但代价实在太高。苏联人并未实际攻击任何人，他们不过是关闭了供应线，等着西方走出地缘政治博弈的下一步棋。

此时，杜鲁门召集各方对这个问题开展了前所未有的根本性讨论。大家众说纷纭、莫衷一是。军方人士（大多）认为，如果打起仗来，美国应该使用新的核武器，正如过去使用常规武器一样。包括原子能委员会主席戴维·利连索尔（David Lilienthal）在内的其他人则劝告总统不要使用核武器。加来道雄和丹尼尔·阿克索尔罗德在《打赢核战争》一书中写道：“陆军部长肯尼斯·克莱本·罗亚尔（Kenneth Claiborne Royall）说的话代表了强硬派的心声——我们花在原子能上面的钱98%都是用于研制武器的。不用这些武器说不过去。”

一些人想依靠后来被称为“威慑”的战略。[51]然而，威慑要起作用，被威慑的一方必须真正相信对方会使用这些武器对其进行打击。这意味着想依靠威慑的国家永远不能公开说出“这些武器太可怕了，我们决不会用”这类话。但是，1945年战争结束后，美国恰恰就是这么说的。如果斯大林表示不信美国敢动真格，难道美国愿意炸毁苏联城市、屠杀无数的苏联人吗？如果斯大林要摊牌，而美国退让了，那么未来美国用原子弹进行威胁的能力就大大减弱，美国核武库的价值也随之缩小。这个难题至今未解，尽管1948年曾就它辩论不休的官员大多已不在人世。

围绕着柏林的斗争没有爆发为核冲突，因为在近一年的时间内，双方都在小心翼翼地走钢丝。西方开始试探空运物资到柏林，以防居民冻馁；看到斯大林没有攻击非军用飞机，西方扩大了空运行动。对柏林的封锁持续到1949年5月；在那以后，空运行动又继续了几个月。到行动终止时，美国及其西方盟国飞机出动近20万架次，向柏林空运了150万吨煤炭、燃料和其他生活必需品。从地缘政治博弈的角度来看，斯大林走的这步棋为对手埋下了一片地雷，而西方通过空运行动躲过了雷区。人类试图与核武器技术共存的早期（姑且称之为“学步年代”），每一次事件没有恶化为灾难，危机得以避免的时候，人类都学到了很多。即使如此，如果封锁柏林引发了第三次世界大战，只有一方会遭到原子武器的打击。如果你是因超级大国间紧张日益加剧而惴惴不安的美国公众的一员，至少有一点可以使你感到安慰：你不会受到原子武器的袭击，因为只有你自己的政府拥有原子武器。

然后，情况发生了变化。

柏林局势是1949年春平息下去的，但那一年其他所有事态发展似乎都趋于紧张。事实上，1949年也许是冷战最危险的一年。[52]那年，中国共产党终于在漫长的内战中打败国民党，统一了整个中国大陆。苏联自己已经是世界上面积最大的国家，现在它的意识形态阵营中又加入了一个领土面积大致与美国相等、占世界人口约1/4的国家。那年，为了把仍在努力从第二次世界大战的破坏中恢复的国家团结在统一的防卫战略之下，组建了北大西洋公约组织（北约）。结果是紧张进一步加剧。

也是在1949年，苏联人获得了原子弹。

8月29日，苏联在中亚的沙漠里试爆了自己的第一颗原子弹，比西方科学家预想的早了大约16年。形势因之丕变。现在轮到美国担心原子弹落到自己头上了。北美大陆一直倚为屏障的大洋不再能提供安全；美国国家和人民遇到了前所未有的巨大威胁。

核时代刚开始时一国独拥原子力量的短暂时期就这样结束了。鉴于人类历史上的先例，值得注意的是，美国并未利用自己对核能力的垄断来统治世界。[53]可能这说明，在道德上人类的确进步了，“提高了修养”。不过，伯特兰·罗素也许会说，[54]这不过是在一场无穷无尽的斗争中取得的一次胜利而已。人类的道德和物种演变赢了第一轮，因为美国在自己是唯一拥核国时没有对苏联使用原子弹。[55]但是，现在有了两个拥核国。

立即有人提出，正因如此，才需要尽快发动先发制人的核战争。

自那以来，我们只能接受美苏双方都有使用核武器的选项这个事实（现在又加上了更多的国家）。苏联宣布有了原子弹，这标志着美国战争部长所谓的美国握有一手带A同花顺的时代的完结。可以想见，关于美国对此情况该如何回应，各种意见五花八门；就连冷静严肃、人道为怀的科学家也在思考，是否应该先发制人打击苏联才比较合理。威廉·庞德斯通在《囚徒的困境》一书中引用了杜鲁门总统的一位科学顾问威廉·戈尔登（William Golden）写的一封信。戈尔登为找到合理的办法来应对文明面临的这个空前挑战，尽力想象火星人（换言之，毫无利益相关的人）会如何看待我们地球上的地缘政治局势：

> 这涉及是否应立即使用或威胁使用我们的武器。我们不要自我欺骗，要认识到，若想和苏联达成真正的国际控制协议，就必须使用这些武器。当然，后果十分可怕，虽然我认为苏联人现在只有很少几颗原子弹，哪怕用了也对美国造成不了多大破坏。[56]理论上，我们现在就应该发出最后通牒，对苏联使用原子弹，因为从现在开始，我们的优势将不可避免地减弱。无论我们如何加快制造武器的速度、生产的武器威力有多么强大，都无法扭转这个趋势。苏联一旦有能力对我们的城市投掷原子弹，不管其原子弹多么低效、为数寥寥，都会给我们带来不可言状的伤害。

我们能够以百倍的力量报复，或消灭每一个苏联人，但那弥补不了我们遭到的破坏。所以，一个没有利益相关的火星人会建议我们立即开火，这个建议言之有理，尽管没有考虑道德因素。

然而，戈尔登接着说，无论结果如何，美国和西方都不会执行对苏联发动核打击的计划，因为公众决不会支持。不管戈尔登关于公众对预防性核战争的支持度的看法正确与否，还是值得考虑一下如果他说得对意味着什么。也许可以视其为道德进化的表现。想想看，在古老的青铜时代文明中，公共舆论难道会有一分一秒的犹豫吗？[57]

话说回来，即使可以说我们调整了古老的规则，考虑到了原子武器的力量，我们却仍旧遵循了其他的行为模式，那些模式在军事上符合逻辑，但现在大大增加了我们杀死自己的可能性。如果你是美国，你的原子垄断刚刚被打破了，你该怎么办？如果你奉行传统的现实政治理念，你可能会争取重获技术优势或支配地位。你会不断发明改进、发展新的武器系统。你最不愿意看到的就是被对手甩在后面，因为那最终可能会使你死无葬身之地。

但是，如果你对如何运用不久前发展出来的武器的威力都尚未想好，去追求威力更大的武器有意义吗？

苏联人成功试验了第一颗原子弹后，杜鲁门于1949年10月就是否应发展下一代超级炸弹（我们今天所说的热核武器，当时经常被称为“超级炸弹”）征求了包括罗伯特·奥本海默[58]在内的一些物理学家的意见。向他们提出的问题包括：我们是否应当发展比原子武器更高一级的武器？如果要发展，成功的概率有多大？[59]如果成功了，真的能帮助解决我们的问题吗？物理学家们在向政府提出的报告中建议不要发展新武器。“氢弹”一旦制成，将比投在广岛和长崎的原子弹强大数千倍。[60]他们说，人类不需要如此巨大的力量，而且可能也驾驭不了。

“我们认为，永远也不应该制造超级炸弹，”报告达成结论说，“在目前的世界舆论发生改变之前，不显示这种武器的可行性对人类要好得多。”（是不是暗示“需等我们进化得更高级以后”呢？）

不应发展更强大的武器这一主张不符合人类的本性和传统行为，它标志着我们的物种面临的一个全新困境。人类面对灭绝的可能性时，能否决定停止武器的研发？[61]这将意味着公开宣布决不试图发明比我们目前拥有的武器更加强大、更加致命的武器。一个文明如何能够封锁这方面的信息？谁有资格做出这样的决定？

奥本海默和与他意见一致的同事评估了自从对广岛和长崎投掷原子弹以来的5年里“提高修养”的文明实验，结果并不令人鼓舞。因此，他们不建议再增加威力以几何级数扩大的武器。世界就像个不懂事的蹒跚学步的孩子在玩手枪，现在又要问他愿不愿意把手枪换成机关枪。

科学家们在报告里似乎还暗示，应抓住此时的机会打破过去的模式，使人类得以继续生存。报告说："我们认为，如果决定不研发超级炸弹，那将是一个独一无二的机会，使我们能够以身作则，对于战争的整体性做出一定的限制。这样可以使人类减少恐惧、燃起希望。"

恩里科·费米（Enrico Fermi）和另一位物理学家对总统的问题做出的回答比较悲观，说超级武器的效果等于巨大的自然灾难。

> 我们认为，在对于全力以赴发展"超级炸弹"的建议做出决定时，不能不考虑更广泛的国家政策。像"超级炸弹"这样的武器只有在其释放的能量比普通原子弹大100倍到1000倍时才算是优势。那样，毁灭面积将在大约150平方英里到1000平方英里，甚至更大。
>
> 这样的武器必定远超任何军事目标的范围，进入巨大自然灾害的范畴。这种武器的性质决定了它不可能仅限于军事目标，其实际效果几乎达到了种族灭绝的程度。显然，使用这种武器没有任何道德依据，因为道德要求我们，哪怕是对于敌国国民，也要给予其一定的人格和尊严。显然，其他国家的人民也会这样认为。美国若使用这种武器，道德上在世界人民眼中将会严重失分。战争中使用这种武器，将留下战后几代人的时间都难以消除的仇恨。使用如此残忍的武力不可能带来友好和平。我们现在面临的问题与那种战后问题相比简直是小巫见大巫。

对这种武器持比较积极看法的人经常觉得，这些科学家生活在幻想的世界中。原子能委员会的戴维·利连索尔（他在柏林空运行动期间反对使用原子弹）在日记中写到了政府的倾向，而那不是科学家希望的方向。“更多更好的炸弹，很难说这会把我们带向何方。我们总是说没有别的办法。其实应该说，我们不够聪明，找不到别的办法。”

当然，除了科学顾问的意见之外，杜鲁门还承受着许多别的压力。戴维·利连索尔在日记里记下了参议员布赖恩·麦克马洪（Brien McMahon）说过的一句话。在谈到如果美国人民发现共产主义超级大国有了氢弹而美国却没有，他们会如何反应的时候，麦克马洪说：“如果苏联人有氢弹而我们没有，总统要是不批准全力发展氢弹，一定会被挂在电线杆子上吊死。”

显而易见，超级武器的创造者和决定使用超级武器的决策者之间存在着巨大的认知鸿沟。此外，即使选举出来的政治人物比选民更有能力做出明智的选择，公共舆论的力量依然强大，可是，若是把这样的决定交给民众去做，我们会安心吗？[62]

1950 年 1 月，杜鲁门阅读了奥本海默和其他科学家建议他不要制造超大的超级炸弹的报告后，决定还是要造。

所有的理由全都围绕着一点：苏联人肯定会造，所以我们必须有。即使接受奥本海默关于不需要更强大武器的论点（也就是说，用原子弹足以对付敌方的氢弹），[63] 它对美国人民产生的心理影响也是总统所不能接受的，因为他要靠选票来保住权力。

要知道采纳其他选项有多难，就得想一想人类是否会拒绝研发更强大的武器系统。无疑，地球上的一些超级和平主义团体会这样做，但看一看几个最强大的民族国家，很难想象它们当中任何一个会说，“是的，我们知道我们在世界上的对手和竞争者的武器比我们的武器大得多也强得多，但我们对自己目前拥有的武器已经满意了。我们不需要更强大的武器”。

提高修养不是件容易的事。

人类运气不好，开始这场文明实验的时候正值极度紧张之际。如果核武器发明在比较和平的时代，而不是人类历史上最惨烈的战争中最残酷的那一年（之后又出现了持续数十年攸关存亡的对峙——冷战），这场意义重大的实验结果也许会有所不同。然而，杜鲁门决定着手研发超级炸弹的半年后，美国在亚洲卷入了一场与一个有苏联撑腰的共产党国家的地面战争。有史以来第一次，一个拥有核武器的国家进入了战争，敌国的友邦和后台又刚刚在一年前成功进行了核试验。

20 世纪 30 年代，奉行“孤立主义”的美利坚合众国只有一支小型军队，全部由志愿兵组成，对“卷入外国事务”[64]避之唯恐不及。但 50 年代来临时，美国已成为睥睨世界的巨人。那些年间，美国通过了几项重大的法律、法案和原则，对政策进行了改变，将外交与军事政策转到了与孤立主义截然相反的方向。[65]

1950年4月呈交杜鲁门的NSC-68号文件是这段时期最重要的文件之一。[66]它以渲染世界末日的口吻阐述了美国面对的风险："我们面对的问题极其重大，"文件写道，"不仅关系到我们的合众国，而且关乎整个文明的生死存亡。"NSC-68号文件提出的政策建议十分惊人，包括研发氢弹。该文件还提出，应将常规军费增加两倍。[67]

NSC-68号文件从头到尾都在寻找美国国防战略的漏洞，而美国的整个国防战略基本上就是建立在原子威胁的基础上的。如果威胁产生不了预期效果，美国就只能要么发动核攻击，造成几百万人的死亡，要么退让。这份文件的作者指出，可以测试一下这条底线。例如，美国是否愿意使用核武器打击一个蚕食邻国领土的国家？盟国对此也有担忧，因为它们觉得，美国在自身安全受到直接影响的情况下，也许愿意动用核武器杀死几百万非美国平民，但它不会为了保卫盟国而这么做。

NSC-68号文件说："风险在于，除了投降或打响世界大战之外，没有更好的选择。"换言之，领导人和战略制定者完全没有灵活性，除了核武器以外什么也没有。有鉴于此，文件建议大幅增加花在常规武器、坦克、飞机和舰艇上的开支，同时继续维持核武器开支。这份文件由于它所载建议的费用和范围，本来不太可能得到接受；它实在范围太广、花钱太多。若不是时局紧张，可能NSC-68号文件会被束之高阁。但是，朝鲜战争爆发了，第三次世界大战似乎迫在眉睫，常规武器军费增加两倍忽然好像不再是不必要的奢侈。

1950年6月，朝鲜战争爆发，核时代如何打仗的问题不再仅停留在理论层面上。在和平时代掌控这种新的超强武器技术已经够难的了；战时应付这种武器带来的诱惑、恐惧和不确定性更是完全不同的挑战。眼看着本国官兵在战场上死去，要求国家动用一切手段打击敌人的压力大得无与伦比。这里面还牵涉声誉的问题，无论是核弹的鼓吹者还是反对者都不能坐看国家声誉受损。

如果说有哪场冲突会诱使领导人使用原子武器的话，则非朝鲜战争莫属。不管是战争早期，美军及其盟军在战场上陷于困境的关头，还是后来，越来越多的人认为应该使用核弹来打破如同“一战”的那种令人煎熬的僵局的时候，使用核武器的诱惑都十分巨大。在一些人看来，核武器可以使整个局面立马改观。毕竟，朝鲜战场上每天都在死人。战争刚打响时简直像是酒吧群殴。一切都发生在转瞬之间，韩国军队眼看就有全军覆没之虞。几天后，美国向韩国派出了援兵。[68]

最终，美军/联合国军在著名“二战”英雄道格拉斯·麦克阿瑟将军指挥下，在仁川完成了两栖登陆。此举引发了中国的反应，不久后，中国人民志愿军投入了作战。

此刻，可以清楚地看到，为了避免朝鲜战争变成第三次世界大战，各个大国必须找到说得通的理由，使大家不必承认这就是第三次世界大战。

有一种理论认为，即使没有动用核武器，朝鲜战争也可以算作第三次世界大战。然而，似乎苏联的约瑟夫·斯大林和美国的哈里·杜鲁门都千方百计地声称，空袭、海军两栖行动和数百万战士彼此开火——在朝鲜发生的这一切不是“战争”。

发生在朝鲜的战斗是第二次世界大战之后最严重的。战事爆发之初，一位新闻记者问美国总统：“杜鲁门总统，这是战争吗？我们是在打仗吗？”杜鲁门回答说：“不是，我们没有打仗。”记者接着问：“那这是什么？是一种警察行动吗？”杜鲁门说：“是的。就是警察行动。”自那以后，朝鲜的战事一直被称为“警察行动”，似乎打仗可能会用到核武器，而警察行动就不需要。

（另外，如果说朝鲜局势不是“战争”，杜鲁门就可以说，他不必到国会去请求宣战。）[69]

朝鲜战争如同一场大考，看大国在彼此打仗时如何避免使用核武器；历史学家约翰·刘易斯·加迪斯解释了它如此重要的原因：“很快就形成了规矩：美国和苏联不直接对抗，也不使用一切可能的力量，双方都努力将对抗限制在发源的战场。若不是双方都拥有核武器，死敌之间是不可能出现这种心照不宣的合作模式的。”

战争迫使政府做出了一些调整，包括澄清了文职领导人和军方将领的各自授权。朝鲜战争当中，杜鲁门解除了美军指挥官道格拉斯·麦克阿瑟的职务，几乎引发宪政危机。麦克阿瑟将军因为不同意总统对战争的指挥管得太细，被指控抗命不从，[70]而杜鲁门考虑的不仅是朝鲜的战事，他显然想尽力克制使用武力，以防事态失控，发展为第三次世界大战。

空军将领寇蒂斯·勒梅不同意总统的谨慎态度。许多将领，尤其是参加过两次世界大战的将领，都和勒梅意见相同，他们认为现代战争最大的破坏性就在于战争持续的时间。因为战争多打一天，就必然有更多伤亡，所以，任何行动只要能限制战争持续的时间，其本质就是人道的，即使那需要在很短的时间内使用惊人的暴力。勒梅本来准备像在第二次世界大战时对日本做的那样，动用重型轰炸机。朝鲜战争后，他做证说他的办法其实更加人道。这听起来也许自相矛盾，但这正是战略轰炸的哲学/逻辑。这个逻辑在战略轰炸机的名字中也得到了突出表现：1950年和1951年计划必要时用来对苏联等地发动核打击的飞机是崭新的B-36轰炸机，它的绰号是“和平缔造者”。

支持杜鲁门、力图避免核战争的人和空军的寇蒂斯·勒梅这种总体战的热情倡导者都没能在论战中完全胜出。到1951年中期，交战双方坐到了谈判桌前谈停战条件，杜鲁门的支持者可以将其作为己方一定的胜利。军方鹰派则可以反驳说，谈判持续了长长的两年，其间双方都有士兵和平民的死亡。

但是，也许最终得胜的是杜鲁门的支持者。他们可以指出，靠着在外交和军事上走钢丝，避免了第三次世界大战。这个大结局堪称掷地有声。

1952年10月，英国爆炸了自己的第一颗原子弹，核博弈多了第三个玩家。谁都知道，英国肯定不会是核俱乐部最后的成员。接下来几年的情形清楚地表明，未来的世界也许会有10

个、15个，甚至可能多达20个核国家，人类只能勉力应对。

就在人们开始思考将来世界上会出现多个核国家之时，核武器本身的威力又一次大大加强。

英国加入核俱乐部不到一个月后，美国展示了制造俗称“超级炸弹”的热核武器——氢弹——的技术和能力。这个超级炸弹引爆时，离1952年的美国总统选举只剩下两天的时间。即使对一个开始习惯于原子弹蘑菇云的世界来说，氢弹的威力也意味着根本性的变化。

氢弹在太平洋的一个岛屿上爆炸时，火球方圆超过3英里。火球内部爆出了闪电。爆炸留下的弹坑直径6000多英尺，深度超过150英尺。这颗“超级炸弹”的威力比“二战”中投在日本的两颗原子弹中的任何一颗都大400~500倍。

然而，这种新炸弹的非凡威力带来了新问题。热核武器如此强大，结果反而无法用作威慑，因为炸弹越大，你的敌人就越不相信你会使用它。约瑟夫·斯大林说过，[71]他认为世界各国的公共舆论与和平运动会遏制政府的行动，没有人会使用好几百万吨当量的武器，因为世界舆论不允许。[72]但是，如果你是军方，想使用这样的武器，或者你是知识分子，是与总统同一政治阵营里的人，希望威慑能够起作用，那么你就必须找到办法来绕过核武器威力太大，反而无法使用这一难题。

绕过难题的办法是制造较小的核武器。[73]“战术”核武器小到可以在战场上使用。炮弹的核弹壳和核地雷是两个例子。有一种战术核武器甚至可以由一个战士使用巴祖卡火箭筒式的无后坐力炮发射。[74]就连罗伯特·奥本海默也帮助了这类武器的发展，后来他说，他误以为自己在帮助推动情况向好的方向发展，因为至少制造的武器比以前小了。

奥本海默原本希望，较小的核武器比他所谓的“我见过的最可恶的东西”里面的武器更好（他指的是1951年的空军作战计划，该计划准备在很短时间内对苏联投掷500颗原子弹），然而，战术核武器打开了大门，能导致战事快速升级，到动用奥本海默希望永远用不上的大型核弹的地步。专家担心，小型核武器不会取代大型核武器，二者恐怕会并存。

这一切来得如此迅速，有时看似技术发展的火车完全失控，人类坐在上面一筹莫展，早晚会车毁人亡。有理由发问：1952年之后的几次事态发展中，哪一次有可能造成最大的不稳定？是核扩散开始，更多国家开始获得核武器吗？是发明了氢弹，人类的毁灭能力一夜间以不可思议的速度飞涨吗？还是我们今天所谓的战术核武器所代表的革命的开始？[75]

20世纪50年代剩余的时间内，世事多变。杜鲁门被共和党总统（前将军）德怀特·戴维·艾森豪威尔取代；斯大林在位上去世，换成了尼基塔·赫鲁晓夫。这段时间也是美国历史上“红色恐慌”的高峰期，反共的恐惧和偏执达到空前绝后的高度。[76]这种形势当然不利于推动敌对的核大国之间的合作。技术照旧在进步，发展出了关键的导弹，给核战争的概念增添了另一个维度。有了导弹，“按下按钮”就能自动发动核战争。[77]

呼吁必须消除核武器，要求人类必须改变其长期行为模式、“提高修养”的运动掀起了又一个高潮。[78]

20世纪50年代，与呼吁人类对自身行为做出空前改变的运动在认知上截然相反的对立面也日益壮大。这批人不相信人类能够做出那么大的改变。他们认为，应该寻找管理危险的方法，制定驾驭核老虎的有效战略，这才是聪明之举。持此观念的人形成了另外一个思想派别，与奥本海默这种被一些人视为不现实的“诗人”不同。许多属于这一派的人后来去了与国防有关的智库供职，对核战争一切可以想象的方面提出各种理论。把一群聪明绝顶的人集中在一处，让他们寻找办法来解决当今的一些重大问题，或至少设立长期应对机制；这似乎是个好主意。[79]

这批人后来被称为“国防知识分子”，他们中间最出色的堪称超级天才。那批早期人物中最突出的一个是约翰·冯·诺依曼（John von Neumann）。冯·诺依曼被誉为20世纪最聪明的人之一。[80]他的非凡成就令人难以置信。他是计算机和物理领域中的奠基人物。他参加“曼哈顿工程”是作为“业余活动”，[81]显然，他在孩提时代就与众不同。

作家威廉·庞德斯通在《囚徒的困境》中对他做了这样的介绍：“冯·诺依曼从小就有过目不忘的天赋。他6岁时已经能够和父亲彼此用古希腊语讲笑话。[82]有时，诺依曼家的大人让他背诵电话簿以娱宾客。由一位客人在电话簿中随便选出一页上的一栏，小约翰把那一栏读上几遍，然后把电话簿交还给那位客人。他可以回答有关那一栏的任何问题（比如，某个电话号码是谁的？），也可以按顺序背出人名、地址和电话号码。”

然而，像他这样的人，诋毁者会说他们虽然聪明过人，但对于核战争和数百万人死亡这类事情却像机器一样不讲人性和感情。他们如同电影《星际迷航》中的斯波克*，可以运用逻辑和数学来制订可能导致世界末日大决战的计划。作家弗雷德·卡普兰（Fred Kaplan）写了一本关于他们的书，标题是《末日决战的巫师》（*The Wizards of Armageddon*）。

是冯·诺依曼发明了我们今天所谓的博弈论。[83] 他喜欢玩各种博弈游戏（特别是扑克牌游戏），痴迷于游戏的展开和进行。人的因素尤其是他的兴趣所在。庞德斯通说：“按照冯·诺依曼对这个词的用法解释，‘博弈’是一种冲突局势，一方必须做出选择，同时知道另一方也在选择，冲突的结果将根据事先的规定，由双方做出的选择来决定。有些博弈比较简单。有些则引起事后猜测的恶性循环，给分析造成了困难。冯·诺依曼希望弄明白，博弈是否总是有理性的方法，特别是那种虚张声势、做出决定后又犹豫心虚的博弈。这是博弈论最根本的问题之一。”

20世纪50年代，冯·诺依曼和其他几个世界上最杰出的思想家一起在名为兰德公司的智库工作。他们在那里认真研究文明命运所系的“博弈”。他们对每一个行动和可能的反行动，以及每一个可能突发的变数进行分析，试图发展出理论，来解

* Spock，半人类半瓦肯人的外星人。

释地缘政治的象棋博弈或原子武器的扑克牌博弈如何展开，说明在何种形势中应采取哪些行动。

寇蒂斯·勒梅等军方领导人提出，一旦政治领导人不小心将国家带入战争，就应由军方领导层尽快执行核计划，出手就投掷数百颗核弹，马上就可以完事大吉。研究“博弈”的一些文职国防知识分子反驳说，战争爆发后，不仅不会马上完事大吉，而且接下来的作战方法会决定战争中死亡的人数是几千万，还是有可能达到几亿。

例如，另一位末日决战的巫师，核军事战略的首创者之一伯纳德·布罗迪（Bernard Brodie）不同意军方立即展开全面轰炸的计划，说敌国的人民作为人质比成为尸体更有价值。勒梅的计划几乎会立即造成数百万具尸体。布罗迪却希望即使在投了原子弹后仍然能够保持灵活性。弗雷德·卡普兰写道：“布罗迪推论，日本人最后在太平洋战争中投降，不是由于美国对广岛和长崎投了原子弹，而是因为对其发出了暗示的威胁，他们若不马上投降，还会被投更多的原子弹。”

卡普兰这样解释布罗迪的意思，“同样，苏联人如果遭到有限的破坏性打击，更有可能停止作战，因为他们知道，如果不停战，下一个遭到打击的就是他们的城市。然而，如果我们刚开战就炸毁了他们的城市，我们用来施压讨价的杠杆就没有了。人质一旦被杀，就失去了价值。结果，苏联人也就会肆无忌惮地炸毁美国的城市，这样的结果恐怕不能说是符合美国安全利益的”。

这是冷静的逻辑思维与（尤其是与空军的原子闪电战计划相比）特有的人道情怀的结合。[84]

末日决战的巫师们要想办法利用人类的聪明才智来避免我们被自己的武器杀死，但是，他们遇到了想让人类进化到完全摒弃战争的那些人面对的同样问题——变化的速度。事情发展得太快，刚刚搞懂了怎么用一副牌玩这个原子扑克牌游戏，又加上了第二副，然后又加上了第三副。范式不断被打破，复杂性和变数日渐增加。

超级大国也在努力实现关系正常化、减少造成形势一触即发的因素，但每一次紧张局势有所缓解，马上就会出现新的挑战，造成紧张局势重起。核问题专家约瑟夫·奇林乔内回顾了1950年到1960年这10年间武器技术的发展：

> "原子能为和平服务"[85]推动为了和平目的利用核技术，但与此同时，美国军方也在给部队装备数以千计的核武器，将其适用于各种应用，有核深水炸弹、核鱼雷、核地雷、核大炮，甚至还有核火箭筒。这种叫作"戴维·克罗克特"的步兵武器能够把核弹头射到半英里开外。美苏两国都制定了开展并打赢核战争的战略，建立了巨大的核武器中心，并开始部署洲际弹道导弹和列装了弹道导弹的潜艇编队。国际军控的努力实际上已经被放弃。先是在数量上，然后在质量上追求核优势的军备竞赛使得美国的核武库急剧膨胀，从1950年的不足400件核武器到1960年

的 2 万多件。苏联的武库也从 1950 年的 5 枚核弹头激增到 1960 年的约 1600 枚。美国虽然领先，但仍心存忧惧。

不必是天才也能看到，当年在核武器为数寥寥，而且都属于同一类型的时候都难以控制核武器，现在推行核军控更是难上加难。

1960 年总统选举的竞选活动展开时，世界进入原子时代已经 15 年。似乎美国选民最应该关心的就是如何应对头上悬的这把达摩克利斯之剑。毕竟，全世界的繁荣，甚至生存，都取决于它。但是，在任何允许人有意见的制度中，人都不会这么做。[86]

选民在决定选谁做也许可以被称为“人类历史上最危险的人”时，核问题肯定是他们考虑的一个因素，但不是唯一的因素。许多日常问题也影响着选民的决定，如国内政策、税收、政党归属等。虽然听起来可能浅薄无聊，但在决定将世界历史上最令人畏惧的权力赋予谁的时候，候选人的个人魅力和亲和力也是影响选民的因素。在外人看来，这也许非常奇怪。前面说过的火星人肯定会纳闷，现在正进行着一场用许多副牌玩的原子扑克游戏，这场地缘政治博弈涉及的问题如此重大，人类却可能会选一个发型最好看的人吗？[87]

结果，1960 年大选的获胜者是两位候选人中更英俊帅气的那位，[88] 尽管约翰·肯尼迪不如对手理查德·尼克松有经验，按总统的年龄标准来说也非常年轻。事实上，43 岁的他是美国历史上最年轻的总统。[89]做满两届的离任总统德怀特·艾森豪威尔是五星上将，指挥了盟军的诺曼底登陆行动，在第二次世界大战中任欧洲战区的盟军最高司令；他把发动核武器的密码交给了继任的肯尼迪，而诋毁肯尼迪的人说他不过是个腰缠万贯的花花公子，和弗兰克·辛纳特拉*这样的歌手混在一起，在政治上和智力上都属于轻量级——是个孩子。

尼基塔·赫鲁晓夫其实是希望肯尼迪打败共和党候选人理查德·尼克松的，因为在艾森豪威尔手下任副总统的尼克松是死硬反共分子。但是，没有一个总统上任时是一切从零开始的，肯尼迪也继承了前任政府启动的一些项目和计划。

其中一项是中央情报局支持古巴流亡分子对共产主义的古巴发动入侵。该计划是为了推翻菲德尔·卡斯特罗（Fidel Castro），但卡斯特罗挫败了入侵，美国支持的那些作战人员不是被杀就是被抓。这次入侵事件被称为“猪湾事件”，它对肯尼迪打击很大。顾问们注意到，有时他开着会时会望着空中喃喃自语：“我怎么这么蠢？”

肯尼迪的传记作家罗伯特·达莱克（Robert Dallek）写道：

> “我怎么这么蠢？”的意思是他为什么如此容易受骗上当。他想不通自己怎么没有多加追问，就接受了所有那些经验丰富的国家安全官员的所谓集体智慧，听从他们的

---

* Frank Sinatra，美国著名歌手。

劝告，下令发动入侵。他后来告诉他的顾问阿瑟·施莱辛格（Arthur Schlesinger），他以为“军方和情报部门的人拥有普通人没有的秘密技能”。这次经验教会了他“再也不依靠专家”。他对（记者）本·布莱德利（Ben Bradlee）说：“以后我给我的继任者的第一个劝告就是警惕军队将领，别只是因为他们是军人，就以为他们关于军事问题的意见是高见。”

如果可以把这次经验算作学习的过程，那么肯尼迪从中学到的东西也许防止了一场核浩劫，虽然此事使得卡斯特罗和古巴政府的朋友苏联人勃然大怒。它也加剧了年轻的美国总统与他那一帮威严、年长的军事首脑和军事顾问（其中有些人是传奇人物）之间的紧张关系。

1961年的维也纳峰会上，对未遂入侵的报复到来了。那一次，精明的67岁的苏联领导人（他农民出身，没有受过正式教育，但在升任苏联领导人之前长期担任约瑟夫·斯大林的助手）见到了44岁的富家子，哈佛毕业生兼马萨诸塞州的社会名流，差点儿把他活吃了。肯尼迪事后对《纽约时报》的詹姆斯·赖斯顿（James Reston）描述那次峰会的经历时，说那是“我一生中最难受的事。他打得我无力招架。如果他觉得我经验不足，又没有胆子，那麻烦可就大了。除非我们打消他这种想法，否则和他谈不出任何东西来”。

根据弗拉季斯拉夫·祖博克（Vladislav Zubok）和康斯坦

丁·普列沙科夫（Constantine Pleshakov）合写的《克里姆林宫秘史》（*Inside the Kremlin's Cold War*），这次面对面的会见改变了赫鲁晓夫对肯尼迪的看法，也改变了他对于自己能强硬到什么程度、能试探采取何种行动的评估。赫鲁晓夫起初希望推动与美国关系的改善，但看到肯尼迪的糟糕表现后，他对顾问们说，必须利用美国领导人相对软弱这一有利局面。机会太好，不容错过，哪怕是在有核武器的世界里。

可是，如肯尼迪所想到的，如果双方都不想打仗，那么只有当一方做出严重误判的时候，才会爆发冲突。赫鲁晓夫的误判是认为肯尼迪软弱。

维也纳峰会后，紧张加剧，双方都恢复了核武器试验。[90]就是在这段时期，苏联引爆了世界历史上最大的炸弹（“沙皇炸弹”）。美国试爆的炸弹体积不如苏联的大，但数量占优，1962年在一个月内就进行了98次核试验。[91]

同年的某个时候，赫鲁晓夫做了一次令人屏息的豪赌，[92]开始秘密准备在古巴岛上部署核武器，意图一举数得。这在许多方面是个绝妙好招，但它全部的依靠却是一根十分纤细的芦苇：苏联需要在美国察觉之前把导弹和核弹头运进古巴并做好发射准备。如果美国人发现了，他们会炸毁未完工的导弹阵地或入侵古巴，那么整个计划就要泡汤。然而，如果导弹在那之前能够完备，那么美国的任何举动都可能招致那些导弹飞临美国本土。[93]这种可能引爆全球热核战争的事情，赫鲁晓夫怎么能够靠赌一把来推行呢？

1962年10月16日早上，肯尼迪的顾问给他看了一张照片，上面显示了正在古巴修建的导弹发射场。美国已经注意到苏联工人从船上卸货的可疑活动了，肯尼迪也问过苏联人他们在做什么。苏联人向肯尼迪保证说什么都没做，但美国的U-2侦察机证实了每个人最担心的事情。肯尼迪的中情局顾问认为，一周后，战术核导弹就会部署在离美国海岸大约90英里的地方。

一切都系于苏联在古巴的导弹能否投入使用。但是，存在许多未知因素，令人惊恐的问题也越来越多。那些导弹中是否有的已经做好了发射准备？古巴是否还有其他未被发现的导弹发射场？核弹头有没有被运到古巴？如果有，有多少？是否还有更多的武器在运送途中？

10月16日那天，肯尼迪总统看到古巴建筑工地照片的几小时后，召开了由他亲自点名的几位国家安全顾问组成的一个小组的会议，这个小组名叫“执行委员会”（EXCOMM）。与会的还有几位其他有影响力的人，包括总统的弟弟，任司法部长的罗伯特；总统想听听他们的意见。

那天早上所有的与会者都不知道总统把会议录了音（除了总统的弟弟）。[94]会上，肯尼迪提醒各位，他们讨论的是美国城市中心遭袭的可能性，一旦遭袭，死亡人数可能高达8000万~1亿。[95]世界历史上还有比这更重要的讨论吗？

随着事态的展开，再加上今天的后见之明，我们不得不佩服肯尼迪总统坚决顶住了文职和军方顾问中最强硬的鹰派人士的主张。[96]自从发明核武器以来，美国军方就一直积极鼓吹使用核武器。[97]杜鲁门要是听了他们的话，在封锁柏林和朝鲜战争的时候就动用核武器了。鹰派也曾多次怂恿艾森豪威尔使用氢弹。在执行委员会的会议上，肯尼迪决定不对古巴的导弹设施发动空袭，遭到了军事顾问的一致反对。[98]

然而，年轻的美国总统非常谨慎，没有袭击古巴，而是对古巴进行了封锁。这不是个完美的解决办法，因为它无法打断岛上组装导弹的活动，但是，如同1948年斯大林在柏林所做的那样，此举等于在地缘政治博弈中打出了一张牌，迫使赫鲁晓夫出牌。他会把事态推向战争吗？

至此，世界对事态详情还懵然不知，但美国设立封锁这件事是不可能保密的，于是，肯尼迪发表电视讲话，解释了当时的局势。

肯尼迪对世界的讲话可谓一箭双雕。第一，他确认了苏联人已有的怀疑，即美国发现了他们的导弹，阴谋被拆穿了；第二，他告知世界，全球性核战争可能迫在眉睫。

世界历史上从未有过这样的公开宣告。就效果而言，这次讲话等于外星人乘飞船抵达地球，很可能引发情有可原的全球性大规模惊慌。如果你觉得自己看不到明天的太阳，你周围的大多数人也这么想，这会如何改变你的生活？传说第一夫人杰奎琳·肯尼迪说，她不想撤离华盛顿特区，如果发生核浩劫，她要同孩子及丈夫死在一起。许多记叙表明其他人也有类似想法。[99]

肯尼迪的电视讲话后，古巴导弹危机这段历史就在全球观众面前实时展开了。整个过程大约两周，好几次差一点儿要坠落深渊。肯尼迪和赫鲁晓夫都采取过达到了道德高标准的行动，在危机后期，两人看来都急不可待地希望找到出路。

在与美国总统的一次通信中，赫鲁晓夫写道："总统先生，贵我双方现在不应该拉紧战争之结的绳头，因为咱们越使劲拉，结就打得越死。也许到了某个时候，就连打结的人自己都没有力量解开这个死结，那样就只得把结剪断。这意味着什么无须我说，因为您非常清楚我们两国各自掌握着何等可怕的力量。"

事态在几无成算的情况下得以解决，没有引发战争。几乎到了最后关头，苏联人才接受了解决导弹危机的秘密交易，同意把核武器撤出古巴。

然而，此事使所有人惊骇欲绝。它可能是世界离核战争最近的一次经历。这次与核战争侥幸擦身而过导致了许多改变，以图减少这类事情重演的概率，因为现在终于可以根据经验，而不是只靠理论来做出改变了。[100]

到20世纪60年代中期，末日决战的威胁并未消除，但已经学到了足够的教训，做出了足够的改变，积累了足够的实践经验，建立了复杂的制度体系，使世界不再像一个拿着冲锋枪当玩具的蹒跚学步的孩子。

公众通过电视直播看着我们的世界差一点儿走向终结。[101]

古巴导弹危机最紧张刺激的关头，也就是苏联船只驶近美国海军封锁线的时候，纽约市时代广场上人山人海，所有人都紧盯着大楼侧面滚动的电子新闻板。美国三大广播公司*对危机全程报道。电视画面上，新闻主持人沃尔特·克朗凯特（Walter Cronkite）背后展示着原始的手绘小地图，时不时把计数的折纸小船移得离封锁线更近一些，等于是核浩劫的倒计时。总统和他的手下也在看电视报道，全国上下屏息凝神。

1940年闪电战期间，爱德华·默罗冒着从天而降的弹雨，在伦敦开创了对美国的电台直播。这一次情况却大不相同，因为在1940年，除非你住在伦敦，否则闪电战对你的生活没有直接影响。1962年这次直播的观众无论住在何处，观看电视新闻的时候都在想，不知自己第二天早上能不能活着醒来，不知自己的孩子能不能安全长大。

历史学家H.W.布兰兹（H. W. Brands）指出这如何改变了人类有史以来一贯的处事方式：

> 核时代之前，人们在向着遥远的目标努力时，可以自我安慰说，虽然自己可能活不到目标实现的时候，但子孙后代可以。如果目标为此生所不能及，至少每一代都能比上一代离目标更近一步。核武器的发明使形势完全改观。
>
> 现在，整个人类中途夭折成为实实在在的可能。一旦发生，就连子孙后代也不知道以后的事态会如何发展，因

* 指哥伦比亚广播公司、全国广播公司和美国广播公司。

为不会有子孙后代了。在核阴云下，人类生存的意义比过去任何时候都更加模糊不明。

据说塞缪尔·约翰逊*说过，如果一个人知道自己两周后就会被绞死，就特别能集中注意力。古巴导弹危机的那两周，似乎一切都即将化为灰烬，在那期间，人类给予了这个威胁理应得到的高度重视。在完美的世界中，这种重视本应一直保持，但历史表明，总会有不那么严重的日常琐事来分散我们的注意力。

这不正是人的典型行为吗？它甚至可能是人类长久以来学会的生存技能。如果我们的世界为此不再集中精力走伯特兰·罗素的钢丝，因而失去平衡坠落深渊，那该是多大的讽刺啊。

* Samuel Johnson，18 世纪英国诗人兼文学评论家。

8

通往地狱之路

事情怎么到了这个地步？如果发生核战争，动用了数百或数千核武器，这将是萦绕在每个人脑海中的问题。若爆发了全面核战争，特别是如果在20世纪60年代末之后，[1]那我们到今天也缓不过来。数百个世界最重要的城市会遭到轰炸，瞬间成为尸体遍地的巨大废墟。辐射至今仍然会无处不在。

将来，我们的后代在读史的时候，完全有理由认为我们其实和罗马人写到的鲁莽幼稚的典型“蛮族”一模一样，只是拥有了自己完全控制不了、威力大得不近情理的武器。不过，后代若是认为我们邪恶，那就不公平了。俗话说，通往地狱之路由良好的意愿铺就。如果核浩劫发生了，或以后在某个时候将要发生，人们绝对不是出于邪恶的心态而为此搭上自己的生命和名誉的。通往核浩劫之路的铺设有许多人参加，但他们不是凶残的阿道夫·艾希曼*那样的恶魔，而是希望自己的努力能产生更好的结果。[2]

先来看著名军火商和炸药的发明者阿尔弗雷德·诺贝尔（Alfred Nobel）[3]。自拿破仑时代以来，他在提高现代武器的威力方面起到了重大作用。然而，传说他对贝尔塔·冯·苏特纳†女伯爵说，“我的工厂也许比您的（和平）大会能更快结束战争：有朝一日两个军团一秒钟内就能互相消灭的话，一切文明国家肯定都会恐惧后退，解散部队”。诺贝尔觉得，现代战争将会变得如此惨烈，反而不可能发生；这个观点代表了许多人对新技术和新武器的作用的看法。正是出于这样的想法，怀抱美好愿望、遵守道德的人才成了这个可能会造成巨大灾难的助推手。人们也是因为有了这个想法，才觉得各种恐怖的事情听起来都像是好主意。

如果你发现你今天之所以还活着，全是因为历史上发生的一个凶残事件，那么你对该事件的想法会受到何种影响？你今天的生命在价值上等于过去多少陌生人的生命？这是个无法解答的问题，但对此感到不安也许不是坏事。[4]

经历过第二次世界大战的许多老兵和其他人都相信，对日本投掷原子弹救了他们的命。1945 年 8 月对广岛和长崎投掷的

---

* Adolf Eichmann，前纳粹高官，清洗犹太人的“最终解决方案”的主要负责人。

† Bertha von Suttner，国际和平运动的主要人物，第一位获得诺贝尔和平奖的女性。

两颗原子弹夺走了20多万包括妇孺在内的日本人的生命。当时普遍认为，这两颗原子弹可能救了100万盟军士兵的命，因为如果需要对日本发动陆上入侵，恐怕盟军会损失100万人。老兵们也许还会指出，根据当时的交火规则，使用原子弹没有错。但是，是不是也该问一问，怎么会制定那样的交火规则？我们这些看起来信守道德的现代人怎么会认为对城市平民投掷原子弹没有错？

现代[5]战争的游戏规则十分复杂，常常自相矛盾，战争期间变化不定。[6]假如你是第二次世界大战中的一位美国或英国将领，多次命令地面部队摧毁敌方城市的建筑、破坏基础设施、故意不加区分地杀害大批没有参与作战的平民，那么你会被解除指挥官的职务。同盟国的军队不做这种有意破坏的事情。[7]但是达到同样效果的空袭却被认为是可以接受的，甚至算是例常行动。事实上，如果一位空军指挥官能够可靠地达成这种结果，很可能会得到擢升。

这看起来犹如成吉思汗认为他没有屠杀过异族一样虚伪。[8]手法不同，但结果一样。然而，制造原子弹爆炸大灾难的人不是虐待狂，他们大多认为（或自以为）他们是在拯救生命，敌我双方的生命都算在内。盟军地面部队的许多官兵以及他们在国内的家人也都同意这一立场。战事正酣，每个战区的每条战线上每天都有厮杀和伤亡；在这种情况下，没有什么人因为道德方面的关注而提出反对意见。

第二次世界大战后期是世界的最后一次总体战。国家之间的总体战等于个人之间不择手段的拼死搏斗。有限战[9]可能遵守的道德底线在总体战中可以肆意跨越而不必承担任何后果。胜负的代价如此之大，所有人看问题都只有一个角度：生或死。

想一想古时的战神——无论是希腊神话中的阿瑞斯，还是罗马神话中的玛尔斯——会注意到他们有时表现得近乎疯狂。战斗造成了不一样的现实，有它自己的规则；放在和平时期，战时的规则也许显得不那么合理。战斗也给人的心理造成压力，激发“或打或逃”的反应以及各种生物化学元素的分泌，[10]助人在危险之中保住性命。这样的条件和压力不利于深入思考。所以才有了“热血”行动与“冷血”行动之分。

不过，战场上个人作战的狂暴与决策层有时表现出来的疯狂不是一回事。指挥官，无论是拿破仑、隆美尔、恺撒，还是格兰特，都不是亲身参加战斗，不会有搏斗中的头脑发热。他们要做出困难的决定，但他们尽量避免做出疯狂的决定。其实，我们自己如果身临其境，也会做出和他们一样的选择。在战争中，要根据非理性的形势做出理性的决定。

按照现在和平时代的标准，总体战的道德也许很不正当，应该谴责。然而，如今的我们几乎无法想象生活在第二次世界大战末期是怎样的情形。决策者面临的选择经常都是非常糟糕的。“二战”是人类历史上最残酷的冲突，给全世界造成了无法想象的痛苦。

如果你有可能让“二战”刚爆发便立即结束，你会考虑采取何种极端行动？如果当时英国人或法国人拥有哪怕是一颗原子弹，你是否赞成在德国人侵波兰时就把原子弹投到柏林？这样的决定会使100万德国人丧身火海，包括大批老弱妇孺。它还会摧毁一个具有历史与世代意义的文化中心。但是，它可能在战争打响的第一天就将其结束。若是如此，被拯救的生命要比被那颗原子弹炸死的人多得多。“二战”死亡的数字惊心动魄，光是东部战线就死了3000万人；600万犹太人死于大屠杀。怎么做才算对呢？

没人有机会做这样的决定，因为直到1945年才成功试验了原子弹。不过，那一年也是第二次世界大战最惨烈的一年，原子弹很可能加速了战争的终结。决定使用原子弹的是杜鲁门总统（他也是唯一这样做过的人），他做此决定时刚上任不久。他担任富兰克林·罗斯福的副总统才3个月，罗斯福就突然逝世，那时候杜鲁门才知道原子弹的存在。[11]新总统甫一上任就得报这个消息，对他来说不啻天大的重担。

他就任两个月后，于1945年7月25日在波茨坦会见了斯大林和丘吉尔。那次会晤后，杜鲁门在日记里这样写道：

> 我们发明了世界历史上最可怕的炸弹。它也许是幼发拉底河谷时代的预言所说的，在挪亚和他那神奇的方舟之后将要发生的火海浩劫。无论如何，我们“认为”找到了使原子分解的办法。在新墨西哥州的沙漠里进行的试验说轻了也是令人震惊的。13磅炸药把一座60英尺高的铁塔

完全炸碎，炸出了一个6英尺深、直径1200英尺的弹坑，冲倒了半英里以外的一座铁塔，站在1万码*以外的人都被冲倒。

爆炸在200多英里以外都看得见，声音传到了40英里以外，甚至更远。这个武器将在8月10日之前对日本使用。我告诉了战争部长史汀生，要用它来打击军事目标和军人及水兵，但不能瞄准妇孺。不错，日本人野蛮、无情、残忍、狂热，但我们作为争取共同福祉的世界领袖，不能把这个可怕的炸弹投到日本的故都或新都。

史汀生和我意见一致。打击的目标将是纯军事目标，我们将发表一份警告声明，要求日本人投降，避免更多的死亡。我确信他们不会投降，但我们给了他们机会。希特勒或斯大林的人没有发明原子弹，真乃世界之幸。原子弹似乎是有史以来最可怕的发明，但它也可以派上最大的用场。

的确，按照官方说法，对日本投掷原子弹是为了打击军事目标，平民伤亡仅仅是不可避免的连带损失。然而，如果你明明知道原子弹会杀死5万或10万平民，怎么还能投下原子弹，说平民死亡是可以接受的连带损失呢？在经过了几代人时间的相对和平（不要忘记一切都是相对的）的现代人看来，投掷

* 1码约合0.91米。

原子弹在道德上非常值得商榷。但是，大背景太重要了。1945年，世界已经忍受了6年血肉横飞的总体战。世界各地许多非常聪慧的人，就连能够对受害者的痛苦感同身受的人都认为，投掷原子弹在当时是正确的决定。这里面一个很大的原因是，原子弹的效果与当时正在采取的行动不相上下。

投下原子弹的数月前，1945年3月9日到10日的夜里，300多架美国军机飞临东京上空，投下了燃烧弹。读过对那次（被称为“东京大轰炸”）事件的叙述的人都明白，为什么说原子弹的效果和常规轰炸不相上下。东京被轰炸后，似乎日本的情况已是坏无可坏，所以，投掷原子弹不过是能够产生同样结果的更加经济的办法。东京是世界上人口最密集的地方之一，所以，即使大轰炸打击了城中许多军事资产，还是有10万多人被活活烧死，其中大部分是非作战者。轰炸中，玻璃被火焰的高温熔化，在街道上流淌。

康拉德·克兰（Conrad Crane）在《炸弹、城市和平民》（*Bombs, Cities, and Civilians*）一书中写道：

> 数千人在防空洞或公园里窒息而死。惊慌的人群为逃避火焰涌向河道，摔倒在街上的人被活活踩死。可能最骇人的是一架B-29轰炸机向拥挤的言问桥一带投掷了7吨燃烧弹。好几百人被烧成了火球，掉进河里。一位作家描述说，掉落的那些人好像树木着火后掉下来的毛毛虫。
>
> 数百人在隅田川水面上熊熊燃烧的凝固汽油的火焰中

被活活烧死，这一情景使机尾炮手作呕。一位目击了那场屠杀的医生后来说，河中漂过的物体甚至看不出是人的肢体还是烧焦的木头。B-29轰炸机的机组人员拼命与炙热异常的上升气流抗争，这样的气流至少毁掉了10架飞机。他们必须戴上氧气面具，以防被人肉烧焦的恶臭熏得呕吐。

这类轰炸遍及全日本。战争结束时，60多个日本城市完全烧毁，从地图上被抹去。燃烧弹空袭太可怕了，美国陆军航空部队的一些高级将领甚至说，使用原子弹最好的结果是不必再使用燃烧弹。

要回答人们怎么会觉得可以对城市使用核武器这个问题，需要深入探究他们为什么认为使用任何致命弹药轰炸非作战者在道德上说得过去。要明白战争规则如何变化（基本上是从保护躲在家中的非作战者变为专门摧毁他们的房屋），需要了解空中作战的历史沿革。

第一次世界大战结束时，在下一次世界大战中大显身手的武器系统初见端倪。例如，潜艇刚刚开始显露潜力。但是，当时潜艇是具有争议性的武器，因为它们被用来击沉载有非作战者的商船。在那个时候，蓄意攻击平民即使不是闻所未闻，也为当时的道德标准所不允许。不过，促成常规军事道德改变的最大因素莫过于1918年开始趋于成熟的空中力量。

人类在使用陆上军队与装备方面积累了数千年的经验与知识。从希腊人和罗马人到中国人和奥斯曼人，在地面战争中引进新技术的事例数不胜数。在海战的根本要素、物理和战术方面，人类也有着同样漫长的历史。但是，第二次世界大战爆发时，空中力量还不到50岁。[12]

19世纪的“有限战”时代，作战规则还是比较文雅的，至少欧洲国家彼此间的战争是这样的；空中力量的发展极大地扰乱了这样的规则。过去的战争也有屠杀和其他暴行发生，但相对来说，各国在交战中彼此还是可以文明相待，由职业军队负责打仗，一般不打扰民众。热气球这类空中装备刚出现时，是用于侦察之类的活动，不是用于作战。

但是，人们害怕空中力量将来会成为一种武器系统。这个担忧是当时科幻小说常见的题材。儒勒·凡尔纳（Jules Verne）在小说《征服者罗布尔》[*Robur the Conqueror*，也叫《云之帆》（*The Clipper of the Clouds*）]中描述了一个巨型气囊飞船，配有火炮，可以向地面射击。H.G.威尔斯的《空中战争》（*The War in the Air*）描写的是德国齐柏林飞艇飞越大西洋轰炸纽约。

1899年，俄国的尼古拉二世沙皇[13]召开了一次后来被称为海牙会议的集会，这是为制定管理军备的国际法而举行的一系列会议中的第一次。会上，来自几十个国家的代表讨论了飞艇的问题。俄国人建议禁止一切空中轰炸。美国代表提出对案，建议只禁5年；随着科学进步，可能会实现精准投弹，那样空中轰炸就成为符合人道的手段，因为它可以缩短战争时间。空中力量可以缩短战争时间的理念后来成为空中力量倡导者的一个关键论点，但这个论点也为一种“合逻辑的疯狂”* 留下了可钻的漏洞：如果空中力量能够通过它造成的破坏在一天或一周内就结束战争，那么与长期战争相比，它能使作战者免受多少痛苦折磨？

第一次世界大战之前，谁也不会想到，为实现缩短战争这个可贵的目标，可以故意杀害大批非作战者。当时对战争的态度是温文的，按照现代标准甚至是古雅的；人们对杀害平民的主意会感到骇然。所以，鼓吹空中力量的人设想仅用它来打击敌方军事设施和目标。然而，事实证明，确定军事目标与民事目标之间的分界非常困难。由于当时的技术所限，几乎不可能准确命中目标，更谈不上区分军事与民事目标。在1914年第一次世界大战爆发前，使用空中力量基本上仅限于理论层面的探讨。

“一战”爆发后，主要交战国的国民都惊恐万分，因为几年来报刊一直在报道新生的空中能力。一份刊物引用一位法国飞行员的话说，战争5分钟内就会结束；他认为这是好事，但他预言，在这一过程中，巴黎、柏林和其他地方会从地图上被抹去。

的确，“一战”早期，德国人试图对巴黎发动过几次微型空中轰炸行动，每次只有一架简陋的小飞机，驾驶舱是敞篷的，里面只能坐一个人，由他用手向地面投上一两颗炸弹，然

* logical insanity，意思是听起来疯狂，但也言之成理。

后撒下大书“投降吧”的传单。这种行动只能称作恐吓轰炸，炸死的人寥寥无几。(至少这是被轰炸方对这种轰炸的称呼；如果是自己对敌方进行轰炸，就会称其为令敌丧胆的轰炸。)美国总统伍德罗·威尔逊公开谴责德国此举是危害人类罪。[14]

法国人也试图对军事目标进行空中打击，例如，他们派遣了两架轰炸机去炸毁一家生产子弹的工厂。美国人最终也接受了精准轰炸的理念，虽然空袭没有精准可言，命中目标完全是瞎猫碰死耗子。

到1915年，西线战事陷入胶着，各方都在寻找摆脱僵局的办法。

德国人的齐柏林飞艇编队长期留置，没有实际投入使用，只是作为威慑。然而，1915年，他们开始寻找更加强硬有效地使用这种技术的方法。那年，德国派遣填充了轻于空气的气体的飞艇编队去对英国进行H.G.威尔斯描述的那种空袭，炸死了平民。鉴于威尔逊总统对于先前对巴黎的迷你空袭做出的强烈反应，德国的敌人抓住这一重大事件大肆宣传。而在德国国内，德军指挥官觉得己方发动的空袭也许能结束战争。[15]

这些巨大的气囊充满了易燃的氢气，其实极易毁于攻击，所以，英国人找到了攻击齐柏林飞艇的办法后，德国的损失就开始激增，使用飞艇实施攻击的做法也逐渐被放弃。尽管如此，齐柏林飞艇的空袭是令人紧张的警示，预示了未来的发展。

“一战”晚期，德国人造出了巨大的螺旋桨轰炸机，有些飞机的翼展几乎可以媲美“二战”的B-17“空中堡垒”。这些“哥达式”轰炸机大批飞临英国上空投弹。轰炸造成的破坏其实很小，但地上的民众惊恐万分。这些空袭是最早的证据，证明支持空袭的理论是错误的；这种理论认为，平民会因为受不了空袭而要求政府停止战争，事实恰恰相反，空袭反而坚定了受害者的决心。

但是，提倡空袭的人有一个合理的借口来解释为什么空中力量在第一次世界大战中没有发挥决定性作用——技术尚未发展成熟。[16]如果20世纪初的空中力量能够造成第二次世界大战后期的那种破坏，也许情况就会完全不同。例如，如果“哥达式”轰炸机在1918年的空袭引发一片火海，造成4万伦敦市民死亡，将伦敦这座历史名城的一大部分烧作平地，也许人们震惊之下就能打破僵局。然而，也可以说，第一次世界大战中最早遭受战略轰炸的英国人因此而变得更加坚强，使他们熬过了第二次世界大战中从天而降的弹雨。

无论如何，第一次世界大战结束时，空中力量未来的重要性已经十分清楚，其潜在的恐怖更是昭然若揭。战后，提出了各种有趣的建议，要将空中力量全部交给国际社会，通过国联（联合国的前身）来妥善保管。如果一个国家开始闹事，国联就将强制执行国际社会的意志，使用世界上唯一的空军对那个国家进行轰炸，令其迅速就范。

西部战线上的僵局和死亡人数的日渐增加似乎印证了一句

古老的军事格言：战争久拖不决是最大的恶。任何能够缩短战争的措施都能拯救生命。建议发展空中力量的人坚信，空中力量能够缩短战争的时间。

第二次世界大战之前，全球公共舆论大都认为，蓄意轰炸城市平民是战争罪，而像意大利的朱里奥·杜黑（Giulio Douhet）这样有影响力的空军理论家提倡的就是在下次爆发战争时采取相当于战争罪[17]的战略。杜黑的动机是预防他和许多其他人心目中更大的战争罪：又一场和"一战"一样漫长的现代战争。杜黑和许多其他空军思想家一样，以防止再次发生如刚刚结束的"一战"那样的绞肉机般的漫长战争为己任。他说，在未来的战争中，作战的陆军和海军尚未来得及动员，空中力量即已决定大局。他建议，再爆发战争时，对敌方城市投掷3种炸弹：第一种是烈性炸弹，把地面的一切炸毁；第二种是燃烧弹，把第一种炸弹留下的四散各处的碎片残骸烧光；第三种是毒气弹，使人在该地区待不下去，就连消防员也无法进来灭火，以保证城市被烧成平地。

杜黑写道，做完这一切，敌人的后方、工厂和敌方任何城市的作战能力将被全部摧毁，而且"空袭对士气的打击很可能会极大地影响他们的作战行为，更甚于实际破坏"。

想一想在尚未遭遇空袭，但以后可能会轮到的城市中，杜黑的主张对民众会产生什么样的效果。在这样的威胁下，哪个民政或军事当局能够维持公共秩序、保证基本服务、继续工业生产呢？即使维持了表面秩序，生产也得以继续，民众会不会只要看到一架敌机就惊慌失措地四散奔逃呢？简言之，在这种死亡和破坏随时可能发生的噩梦般的情况下，正常生活是不可能的。

杜黑预言，“遭到这种无情空中轰炸的”国家必然发生“社会结构的彻底崩溃”。哪怕只是为了停止这种“恐怖和苦难，民众在自我保护本能的驱使下，也会起来要求结束战争”，而且他们在“他们的陆军和海军尚未动员起来之前”就会很快发出要求停战的呼声。

与杜黑同时代比较温和的人可能觉得他这种理念简直是发疯，而杜黑对自己的理念做出的阐释完全不考虑道德或可行性，只注重效力，他认为这种效力会大大缩短任何战争，而那将是能够实现的最合乎道德的结果。

两次大战之间的那段时间，各国大力发展空中武器，准备用于未来的战争。在第一次世界大战中受创深重的国家里，军方认为公众为了避免遭到空袭，会支持己方先下手为强。

另一方面，美国的空军理论家觉得，美国的公共舆论不会允许发展空中力量来轰炸妇孺和城市。他们认为，美国民意支持的仅仅是精确空中打击，对物不对人。正如美国空中力量专家康拉德·克兰所写，“精确轰炸的理念主张袭击工厂而不是妇孺，空军因此能够在战争中果断行动，又不显得不道德”。

巨大的B-17重型轰炸机在第二次世界大战中成为最出名的飞机，1936年初次下线。B-17被设计为执行高级战略轰炸的机型，到美国1941年参战时，已经制成了许多架。B-17轰炸机上安装了被极尽吹嘘的诺顿瞄准器，[18]据说可以从数千英尺的高空实施精准打击。美国和法国率先提出了打击铁路场、码头区和工厂，同时尽量避免平民伤亡的主张。

英国空军理论家詹姆斯·斯佩特（James Spaight）也觉得空中力量是必要的恶，因为当时认为轰炸机是无法防御的。因此，英国人得出的结论是，“你敢炸我，我就炸你”的威慑是保证本国城市安全的最好办法，尽管它会导致我们今天所谓的互相保证毁灭。

这个想法有一定道理。第一次世界大战晚期，德国人停止了对英国的狂轰滥炸，正是因为英国的空中能力有了长足的进步，不久就能像德国空袭英国城市一样对德国城市展开空袭。战后那些年，英国继续发展战略空中能力。烧毁敌方城市本身不是目的，而是不容敌人先下手的手段。

战后，斯佩特提出了一个后来被用作科幻小说前提的主张，他建议空袭前对敌方发出警告，允许其把目标城市撤空。

历史学家李·肯尼特（Lee Kennett）写道，斯佩特考虑的是伦敦历史悠久的金融区“金融城”的情况。“（金融城）675英亩的区域内，人口白天超过40万，夜间则剧降至1.4万。如果能够安排这1.4万人住到别的地方去，那么敌人的轰炸机尽管会给金融城造成巨大的物质破坏，却不会有太多人丧生。”

这种理论探讨进行的同时，世界上的紧张局势开始严重升级。法西斯主义先是在意大利，然后在德国取得了政权。这进一步加剧了由于布尔什维克激进革命者在原来的俄国建立了苏联、日本与中国之间的暴力愈演愈烈而已经日趋紧张的世界局势。此外又加上了横扫全球的大萧条。负责确保这种压力不致引发又一场世界大战的实体却束手无策。

早先曾有人建议，把控制军用飞机的权力全部交给国联，但这个建议从未得到过认真考虑。空中力量造成的问题在两次世界大战之间那段时期一直困扰着国联。例如，一些大国使用空中力量镇压欧洲殖民地的原住民部落。事实证明，就控制人群而言，空中力量比地面部队有效得多。国联严厉批评法西斯意大利在与埃塞俄比亚的战争中使用空中力量，对意大利实施了经济制裁，但没有造成任何根本性的改变。当国联试图处理日本侵略中国的行为时，日本人却轻蔑以对。就连英国和法国也不愿意听国联对它们说教，告诉它们该如何对待它们的殖民领土。美国是“一战”后成立国联的主要推手，却实质上放弃了这个组织，因为美国参议院没有批准成立国联的条约，结果美国根本没有加入国联。

1936年，测试、运用并完善空中力量的机会来了，那时的空中力量可以算是第二次世界大战空中力量的次级版。西班牙内战中，几个后来在“二战”中交战的国家各自对内战双方提供援助。希特勒的德国和墨索里尼的意大利给反对共和国政府的民族主义军队提供培训、装备、供应，甚至飞行员；苏联、墨西哥和法国（至少是秘密的）则援助共和国的军队。

德国在西班牙获得了许多空中作战的经验，特别是从轰炸巴斯克小城格尔尼卡的行动当中；那次大轰炸由于毕加索那幅同名画作而永存史册。意大利和德国声称，轰炸的目标是军事目标，特别是一座桥，但据说那天是集日，也就是说，城里的人比平常要多。历史学家戴维·克莱·拉奇（David Clay Large）描述了沃尔弗拉姆·冯·里希特霍芬男爵（Wolfram Freiherr von Richthofen）[19]指挥的德国秃鹰军团那天下午对格尔尼卡的袭击：

> 下午4:40分左右，两名修女在格尔尼卡圣母修道院屋顶上敲起了钟，大喊“飞机！飞机！”据目击者叙述，警报发出不一会儿，一架飞机就出现在城东头的天空中。这架亨克尔111型飞机飞越小城上空，然后掉头俯冲向冷特里亚桥（Renteria bridge）的方向。
>
> 格尔尼卡没有高射炮，所以没有防空，但飞机投下的炸弹却没落在桥上，而是落到了桥西南方300米以外火车站前的广场。一颗炸弹炸毁了广场边上的胡里安酒店。一位志愿消防员看到，妇女和儿童被炸弹的气浪掀到空中，然后“腿、手臂、头颅和其他各种人体碎块”雨点般从天而降，散落遍地。
>
> 大约25分钟后，又有3架亨克尔111型飞机低空飞来。它们在离地约2000英尺的空中投下炸弹，击中了冷特里亚桥附近的一座糖果厂，引燃了盛在大锅里的糖浆，把工厂变成一片火海。年轻女工争先恐后地往外逃，有些人身上已经起火。不远处的中心市场也被击中。两头公牛遍

身熊熊燃烧着铝热剂，在帆布隔开的货摊之间横冲直撞，点着了整个市场。

接着，5对双机编队的亨克尔51战斗机在离地面极近的低空呼啸飞过尚未被烟雾遮盖的城区。据一位目击者说，其中两架飞机“在大约100英尺的上空飞来飞去，活像会飞的牧羊犬把人们圈起来准备屠宰”。一架飞机对准一位妇女和她的3个小孩，用一发炮弹将其全部炸死。另一架飞机消灭了城市管乐队。

晚上6点左右，第一批轰炸机——亨克尔52型和意大利的萨伏亚轰炸机——飞近目标。它们3架一组，如潮水般一波波涌来，总共携带了近10万磅烈性炸弹，随意乱投到烟雾灰尘之下的城中。一颗炸弹击中了一个回力球场；另一颗炸毁了比斯卡亚银行；还有一颗夷平了一个孤儿院。最后一架轰炸机返回基地时，格尔尼卡大约2/3的建筑物都已成为废墟，或陷入火海。

世界各地的报刊都登载了被炸死的婴儿的照片，使德国和意大利政府大失颜面。伤亡人数不算太多（比“9·11恐怖事件”中死的人少），但空袭不加区分一律打击的性质激起了公愤。

政府也许丢了脸，空袭策划者却欢欣鼓舞。德国指挥官冯·里希特霍芬在日记中写道：“实在太棒了。城市起码有24小时完全停摆，如果部队立即发动进攻，保证能够成功。至少这次我们的炸弹和燃烧弹在技术上取得了完全的成功。”

对格尔尼卡的空袭尽管惨烈，但当时的主要军事强国可能都不会予以禁止。历史学家塔米·戴维斯·比德尔（Tami Davis Biddle）查看了第二次世界大战爆发前一些国家的军事手册中关于空袭的规定。英国王家空军的手册说，攻击公共和私人建筑物不仅可以接受，而且是逼迫敌人投降的手段，其实就是婉转地说可以把敌人打服。德国的一份军事手册专门规定，准许打击敌人士气的根源……哦，对了，也要打击军事设施。

英国空军理论家詹姆斯·斯佩特指出，在空袭投弹的问题上，作战规则中的漏洞大得可以飞过一架B-17轰炸机。头号漏洞是军事设施的问题。谁都同意可以使用空中力量来打击军事目标。问题是当时的技术做不到准确可靠命中军事目标。“二战”即将爆发时，英国人做过测试，结果表明他们的轰炸机只有不到2/3能够把炸弹投在距离目标5英里以内。以如此糟糕的准确度，允许在平民区实施空袭来打击军事目标就等于说杀害平民是合法的。

空战的爆发和许多人想象的不一样。英国首相内维尔·张伯伦在电台上宣布英国进入战争状态时，防空警报响彻伦敦，但德国空军并未到来。尽管如此，1940年6月法国陷落后，形势变得极为严峻；英国国家的生死存亡系于一线。

不列颠战役[20]的打响标志着生死攸关的时刻的到来：德国可能发动入侵。不过，德国要想入侵，它的空军必须首先掌握制空权。英国海军舰队只要不被击沉海底，就能挡住任何穿越英吉利海峡的行动。丘吉尔已经计划好，万一德国人穿过英吉利海峡开始抢滩登陆，就要使用毒气弹。如果纳粹正在离你家50英里的地方登陆，你还会说使用毒气弹是“战争罪”吗？

德国人开始确定的空袭目标是雷达站和飞机场；德国空军一度似乎占了优势。然后，“不蓄意轰炸城市”这条道德底线被突破，起因似乎是一次失误引起的针锋相对的报复：德国空军不小心轰炸了伦敦，英国接着对柏林进行了报复性空袭，作为回应，德国对英国城市展开了蓄意的全力袭击。[21]

1940年9月4日，希特勒以受害者的面目出现，在一次演讲中说：“我本来想饶过英国人。他们却把我的仁慈当作软弱，用谋杀德国妇孺来回报我。如果他们攻击我们的城市，我们就夷平他们的城市。”

德国空军突袭轰炸英国城市，特别是对伦敦开展闪电战，这标志着战略轰炸的开始，之后成为可怕的常见现象；先是在英格兰，然后在德国，再后在日本。战争早期，华沙和鹿特丹等地遭到过一次性的空袭，但闪电战不单是一次空袭，而是持续数月的痛苦煎熬。

总的来说，第二次世界大战中使用的轰炸机机型中等，但有些是巨无霸。美国在战争尾声时制造的B-29超级空中堡垒和现代商用飞机一样大小。想象一下，数百架这么大的飞机飞临你的城市上空，扔下的炸弹在地面爆炸后会造成炼狱般的火海。这个景象令人胆战心惊。

作家赫尔曼·内尔（Hermann Knell）曾亲历“二战”的战

略轰炸，他在《毁城之战》（*To Destroy a City*）一书中写到了闪电战期间德国对英国首都的空袭：

> 从9月7日到11月13日，伦敦夜夜被炸。总共投下了1.3万吨烈性炸药和1.2万个燃烧罐。其他城市也遭到了空袭，最出名的是1940年11月14日对考文垂的空袭。那一次，450架轰炸机投掷了500吨烈性炸药和880个燃烧罐。平民伤亡惨不忍睹，主要是因为防空掩体大多不够结实。

空袭既没有阻止英国对德国的空袭，也没有打垮英国人的士气。事实上，用轰炸机摧毁平民士气的整个想法是站不住脚的，原因有几个。民众的勇敢可能是其中之一。研究显示，空袭只能激起受害者对敌人的愤怒以及希望本国空军狠狠回击的心情。情况实在糟糕，人们被炸得晕头转向的时候，会产生听天由命、活一天算一天的抑郁心态。但是，肯定没有发生民众集会游行，要求立即停战这种事情。

事实证明，靠轰炸来打垮士气行不通，但太多的人对这个主张投入了太多，不愿改弦易辙。英国王家空军飞行员莱恩·戴顿（Len Deighton）写道，王家空军明明看到英国民众在闪电战面前没有被打垮，它的领导层凭什么认为德国人会垮掉呢？王家空军的回答是，英国人民比德国人坚强。

领导了英国对德国空袭行动的空军元帅，绰号“轰炸机”的阿瑟·哈里斯（Arthur Harris）说：“很多人说靠空袭不可能打赢战争。我的回答是，过去从没试过，试了才知道。”（对德国人给英国造成的破坏，哈里斯来了个加倍奉还。）

战争中，4万英国平民死于战略轰炸，这个数字骇人听闻，但历史书上基本没有对那些人的恐怖经历的叙述，很难找到英国人死于轰炸的照片，连对空袭的详细描述都没有。英国的报道集中于历史建筑物遭到的破坏，却很少谈及在空袭中丧命的人。当时觉得，谈论这个问题有损士气，丘吉尔不准报纸杂志刊登任何不会显示英国在德国的狂轰滥炸之下英勇不屈的文章。

另一方面，德国会派飞机来拍摄轰炸造成的破坏的照片，然后赶忙把照片送回司令部，由那里的空军科学家、理论家和飞行员研判空袭的效果。[22]

无论战略轰炸中使用的是原子弹还是常规炸弹，炸弹制造的细节都将其恶魔般的性质表露无遗。例如，延时引信炸弹带有定时器，落地几小时后才爆炸。这种炸弹有两个作用：第一，炸死救援人员；第二，让当地人知道下次不用派人来救援了。记住，做的这一切都是以通过加剧战争的惨烈来缩短战争为理由的。

物理学家弗里曼·戴森（Freeman Dyson）曾在王家空军的轰炸机指挥部供职，战争结束好几年后，他说：“我知道的内情令我作呕。我好几次决定自己有道义上的义务跑到街上，告诉英国人民那些正在以他们的名义做的蠢事。可我从未鼓起勇气，而是一直坐在办公室里，仔细计算如何用最经济的方法再杀害10万人。”

达到“合逻辑的疯狂”是一个渐进的过程。它不是在战争刚爆发时马上发生，而是随着时间的流逝和事态的展开而逐渐升级。没人想率先对城市投弹，但后来对方动手了，己方只能做出回应。说是只会攻击军事目标，但后来认识到，不能在大白天出动轰炸机，因为会遭到敌方防空系统和战斗机的痛击，于是决定夜间轰炸。问题是，在光天化日之下都打不中目标，所以，决定让轰炸机夜间行动的时候，内心明明知道只能把炸弹往下方的城市随便乱扔。

“理论上，他们仍然试图轰炸那些白天都无法命中的目标，”莱恩·戴顿这样描述德国战略的改变，“但在实践中，他们的做法与英国王家空军轰炸机指挥部并无二致。他们要找到城市中心区，将其变为火海。”

1941年6月，英国人正式宣布他们将开始打击敌方工人的士气和生活，并将在夜间投弹。（别忘了，德国人这么做的时候是“恐吓轰炸”；轮到英国人就成了“令敌丧胆的轰炸”。）对英国人来说，空袭是当时他们能够打击德国的少数宝贵手段之一。

德国作家约尔格·弗里德里希（Jörg Friedrich）把执行“联合轰炸进攻行动”*的机组编队称为“对人类使用过的最可怕的武器”。（这次行动的指挥官，空军元帅哈里斯在战后表示，他

* Combined Bombing Offensive，英国和美国联合对德国进行的空袭行动。

坚信这项行动使得整整一代英军官兵免于死亡。)

第二次世界大战的各位空军指挥官，从德国空军的赫尔曼·戈林(Hermann Göring)到英国空军元帅哈里斯，再到美国空军将领寇蒂斯·勒梅，大多参加过第一次世界大战，要么担任过飞行员，要么是战士。在他们看来，什么都比不上他们20年前在前线经历的那种残酷与艰难。哈里斯特意指出，“一战”中，王家海军实行海上封锁，据说造成80万德国人忍饥挨饿，其中大多是平民，而这并未违反战争法，被认为在道德上可以接受，因为这样做是为了拯救在西线作战的官兵的生命。[23]

塔米·戴维斯·比德尔在她题为《空中力量与战争法》(Air Power and the Law of War)的文章里发问：“在己方官兵的生命与敌方平民的生命之间该如何权衡?”英国开始轰炸德国时，一些和平主义教士提出了一个问题：到什么时候应该宁肯输掉战争，也不能为了打赢战争而越过某个道德门槛?

10万平民沦为空袭的冤魂后，美国空军将领、昵称“哈普”(Hap)的亨利·阿诺德(Henry Arnold)说：“如果使用时对情况有足够的了解，轰炸机其实是最人道的武器。”条件恰好合适的时候，[24]造成的伤亡最大。在某些情况下，轰炸会造成名为“火风暴”的现象，通常发生在一个地区(在空袭的情况中是一个城市)多处起火，各处火头汇成一片火海的时候。火海的巨大热量会把空气推向高处，地面温度较低的空气全部被吸入这个气旋，造成温度超高的飓风级热风。

在这种情况下，人会死于许多原因。可能因冲击波而死，肺会爆裂，血管和神经遭到强力冲击而导致死亡；也可能被火焰烧死；或者被掉落的巨大混凝土块或倒塌的建筑物砸死。（子弹会给人造成致命伤，炸弹则不同，它不仅炸死人，还摧毁周边的一切。）很多人窒息而死，因为一氧化碳被吹进了防空洞，或因为火风暴把氧气从房间中全部吸走。（有记录这类场景的照片；小心慎入，场面非常恐怖。）

伦敦闪电战最惨的一夜，发生了火风暴，造成的大火也许是自从1666年的伦敦大火以来最严重的。然而，与对德国城市的报复性空袭[25]相比，伦敦的大火可以说是小巫见大巫。第一场真正恐怖的空袭发生在1943年的汉堡，据计4万~5万人在那次空袭中葬身火海。

格温·戴尔在《战争》一书中写道，1943年，19岁的凯特·霍夫迈斯特（Kate Hoffmeister）在一场空袭后大难不死，她经历了所能想象的最极端的恐怖。霍夫迈斯特从防空洞出来，看到外面的世界成了火焰熊熊的炼狱。防毒面具戴在脸上就熔化了。戴尔引用霍夫迈斯特的自述说："我们过不了艾弗尔街，因为柏油路面化掉了。街上有的人已经死了，有的还活着，但被柏油粘住动弹不得。他们一定是没有多想就冲到了街上。他们先是脚被粘住，然后用手撑着想爬出来。结果双膝双手都被粘住，只能尖叫求救。"

一旦进行了造成火风暴的空袭，就建立了先例，之后一再发生。伦敦闪电战在8个月内导致4万人死亡（比现代之前大多数国家在整场战争中的阵亡将士总数还多），而德国的汉堡只一个晚上就死了这么多人。要说哪一次有机会下临万丈深渊而却步转身，恐怕就是对汉堡的轰炸了。

没有几个人能够做出收手的决定，但英国首相可能是其中一位。据说，温斯顿·丘吉尔在观看用机首摄影机拍摄的毁坏德国城市的影片时，感到骇然。一位澳大利亚武官当时和丘吉尔在一起，据他说，丘吉尔在椅子上坐直身子大声说："我们是野兽吗？我们是不是太过分了？"丘吉尔在1940年曾说："在希特勒后院放火能迫使他撤退。我们会把德国变为沙漠，是的，沙漠。"

丘吉尔也关注轰炸给欧洲遗产造成的损失。直接受战争影响的人都去世后，他们的子孙后代仍然会因为自罗马时代流传下来的遗产被炸毁而承受损失。今天的这种"合逻辑的疯狂"在摧毁后人的文化遗产。这不仅仅限于欧洲，也发生在日本和其他国家。[26]

罗斯福对轰炸敌方城市有两种不同的立场，公开表示反对，私下里却赞同。1941年8月4日，他说的一番话被美国财政部长亨利·摩根索（Henry Morgenthau）记了下来（这是康拉德·克兰引用的）："我一直在告诉英国人该怎么打败希特勒，可他们不听。我说过多少次，如果他们派100架飞机去德国轰炸军事目标，里面应该有10架去轰炸过去没有炸过的小型城镇。每个城镇里一定都有工厂。这是打垮德国人士气的唯一办法。"

到1943年，伤亡人数以骇人的速度不断飙升。战争最后一年，美国的伤亡超过了它在“二战”其他所有时间的伤亡总数。

道格拉斯·麦克阿瑟将军痛恨使用燃烧弹。他的一位助手为他代笔撰文写道，燃烧弹“是历史上杀戮非作战人员最无情、最野蛮的方法之一”。麦克阿瑟为了保护平民、不轰炸平民目标，使他的部队暴露在危险之下，也因此而损失了兵员。即使在今天，仍然有人说他这个决定是错误的。

面对暴行的继续，世界上的一些最有权力的人似乎束手无策。美国作战行动总指挥乔治·马歇尔将军和美国战争部长亨利·史汀生都对这些暴行不以为然，却阻止不了。史汀生说，曼哈顿工程的物理学家罗伯特·奥本海默对于用燃烧弹攻击平民的行为没有在美国民众当中激起更大的公愤感到惊愕；他不一定希望停止这样的攻击，只是因为没有更多的人对此表示痛心而感到不安。

正是因为战前的公共舆论不容许打击妇孺，才设计了进行精准打击的空军，但到了1944年，这同一批人基本上把对妇孺的关注抛到了脑后；由此可见当时那种疯狂。不过，城市里的确有许多军事目标，所以，如果把整座城市从地图上抹去，也就消灭了众多军事目标。

日本采取的一个行动无意中给自己带来了无法估量的损失，它决定把工业设施分散到平民居住区。日本人在每个街区都建造了一个小工厂，这样，工业生产不集中在一起，轰炸机来了就不会全部被炸毁。这当然恰好为夷平一切的行动提供了理由。

技术也使人与他造成的破坏拉开了实际距离。军事心理学专家戴夫·格罗斯曼（Dave Grossman）中校写到了距离如何使杀戮成为可能，离目标越远，杀戮越容易。如果要求士兵面对面地搏斗，那么盟军对日本和德国做的事，或德国对英国做的事都是不可能发生的。

格罗斯曼写道，有一次，空袭行动在一个晚上就炸死了7万人："如果轰炸机的机组人员必须用火焰喷射器喷向这7万妇女儿童中的每一个人，或者更可怕，必须割断他们每一个人的喉咙，这给机组人员带来的巨大恐怖和创痛会使之成为完全不可能。但是，在数千英尺的高空，听不见痛苦的尖叫，看不到身上起火的人，做起来就轻而易举。"美国空军机组人员奉命去对东京投掷燃烧弹，回来时浑身都是烧焦尸体的气味。他们的飞机机腹被炙焦，据说他们在递交行动总结报告时手都在发抖。

康拉德·克兰引用了一位美国官员关于用空中力量打击平民的话："这难道不是和命令地面部队在作战时杀死所有平民、摧毁所有房屋一样吗？"

的确差不多，但如前所说，地面部队和海军一样，有数千年的战争行为准则，知道什么可以做，什么不可以。

到1945年2月，有人抱怨说德国已经没有任何值得轰炸的东西了，盟军扔下的炸弹只不过是把瓦砾炸得更碎一些而已。然而，盟军的轰炸依然照旧。在战后的纽伦堡战争罪审判中，被告（他们大多数人都以危害人类罪的罪名被处以绞刑）控诉了同盟国对德国城市的轰炸。同盟国的一位首席律师说，空中轰炸“所有国家都做，已成为现代战争公认的一部分”。所涉的道德问题就这样有了定论。

盟军在德国实际已经被打败的情况下都未停止轰炸德国，那么，在太平洋战场的日本人仍相对强大的情况下，怎么能停止对他们的攻击呢？[27] 于是，原来为打击德国而提出的“从空中给予致命一击”的主张在1945年8月再度出现。那时，每天的伤亡人数骇人听闻，战争缩短一天，就能拯救成千上万人的生命。

对日本投下两颗原子弹的几天后，日本投降事宜敲定之前，1000架飞机飞临东京上空，再次投下燃烧弹。

然而，若是只注意盟军的空袭轰炸而不顾及其余，就等于忘记了攸关的大利益和对手的本性。1945年4月，空军历史学家布鲁斯·霍珀（Bruce Hopper）参观了布痕瓦尔德（Buchenwald）集中营后写道：“空气中弥漫着恶臭，锅炉边是成堆的人骨残片。看了这些就完全不会对战略轰炸感到良心不安了。”1899年的海牙会议上，是美国代表团提出，有朝一日轰炸机能够精准打击目标，不会再伤害平民。此话的意思是，轰炸机将成为人道的武器。也是美国感到，它的公民不会容许不分皂白随意杀害大量平民的军事政策。可就是这个国家成了唯一使用过原子弹的国家，而原子弹可能是世界史上最不分皂白的平民杀手；这是多么大的讽刺啊！

总体战的理念是残酷的。

向前快进15年，美国在战后确定了准则，规定对居民区使用炸弹和高空爆炸物为合法（毕竟大家都在这么做），于是，它自己在冷战期间也成为核武器的打击目标。当世界领导人开始谈论为拯救3亿人的生命而消灭1亿人在道德上是否可以接受或可以自圆其说的时候，“合逻辑的疯狂”呈几何级数地增加。

尽量减少死亡人数当然是符合逻辑的，尤其是在此过程中能够拯救3亿生命的时候。但是，对于你手中的武器造成1亿人的暴力死亡这件事，很难提出任何合情合理的粉饰解说。

如果人类因为热核世界大战而造成又一个黑暗时代，可能我们都会和大喊“你们这些疯子！你们把它毁了！”的查尔顿·赫斯顿怀有同样的心情。不过，如果最终结局如此，那不会是因为当时任何人有意为之。

后 记

“费米悖论”（Fermi Paradox）以著名物理学家恩里科·费米命名。他进行计算后得出了这样的结论：在统计学意义上，宇宙中应该有很多有智识的生命。那么，他问道，他们在哪里呢？于是，他和其他人开始猜测各种理由，试图解释为什么外星人没有来到地球。一个可能的理由是，他们活得不够长，没有来得及离开自己的星球向外移居。[1]这个想法属于费米悖论中称为“大过滤器”（Great Filter）的方面。可能其他星球上的大多数生命都没能通过大过滤器。

我出生于1965年。那时，世界生活在情有可原的恐惧之中，害怕核战争会终结现代文明。在那之后不久，民众开始认识到全球环境面临的诸多威胁。今天，这把双重的达摩克利斯之剑仍然悬挂在我们头上。可能其都是对我们的考验，看我们能否通过大过滤器。

一个人对我们文明长远命运的态度是乐观还是悲观，也许取决于他对人类自我改变的能力的看法。我们自诩为具有高超适应能力的物种，但我们面临的挑战非常艰巨，在我们之前的其他许多智识生命可能都栽在了它们上头。如果我们不思改变，结果肯定是灾难性的。如果大国间再来一场总体战，造成的破坏将史无前例。人类过去对自己周边环境的破坏发展到今天，成为全球性环境破坏，如果我们不能做出足够的改变来应对，其后果将影响到人类生活的方方面面。这两个结果中的任何一个都会成为致祸之因，带来我们在本书前面的章节中讨论过的饥荒、疾病、大规模移民、地缘政治动乱、海盗行为和系统崩溃。

从乐观的角度来看，我们可以希望创新和发明能够创造条件，使我们得以维持现有生活方式而不致自断生路，靠发明来摆脱困境。另一个可能性是费米悖论被完全推翻，来自其他星系的生物体将来到地球，用他们的先进技术来解决我们的问题。当然，这个可能性不太靠得住。

不过，如果最糟的情况发生，也许人类也会适应新条件。无论是第三次世界大战后的世界，还是人口过多和环境恶化导致的末日般的荒原，艰难时世造就坚强的人这一理念可能会提醒我们，我们这个物种具有非凡的求生能力。养孩子的方法会不同，期望值会改变。那时的人应该能够自我调整，以适应他们所处的更加艰苦的世界，正如人在电脑和手机时代到来后迅速调整状态，适应了新世界。

还有一个可能，那就是我们的生态系统会调整，而依赖生态系统的人类毫无置喙的余地。完全可以设想，大自然有办法重新找回平衡。如果按照现代的消费水平，生态系统无法支持目前的大量人口，也许会发生某种现代瘟疫来“解决”问题，使全球人口在10年内减半。那算是好事吗？

也许，下一个（更严重的）黑暗时代是我们有意促成的。（举例来说）很可能在某个时候，严重的环境问题将迫使社会强行减少能源消耗或21世纪现代高压生活方式所需要的其他任何要素。100年后，如果世界上电力和能源大大减少会怎么样？电子产品或电冰箱这种便利生活的用品肯定会减少，但如果减少能源使用是为了应对可能危及人类生存的威胁呢？如果我们的孩子因为没有电而达不到我们的能力水平，那是否意味着他们生活的时代不如我们呢？还是说他们的时代更好，因为在应付我们今天无法解决的攸关人类生死存亡的重大问题上，他们可能进步。如果他们那种生活状况能使他们成功通过大过滤器，而我们的却通不过，那么谁的处境真的比较好呢？

然而，即使这样的描述也过于简单化。如果对人类的真正威胁是病毒或小行星，也许在环境上或军事上对人类最为危险的社会才有能力应付这样的威胁。如果一颗会毁灭文明的小行星在数百万年的时间内一直朝着地球猛冲，最后一刻却被核炸弹及时推离轨道，那岂非不可思议的讽刺！一种为了杀死千百万人而发明出来的炸弹由在第三次世界大战中毁灭城市的那种导弹载入太空，结果拯救了地球上的所有人。（从历史上说）它被发明恰逢其时，刚好派上了用场。

对我来说，这个场景的可信度如同我曾考虑为本书确定的另一个标题成真的可能性。那个标题是“从此他们都过上了快乐的生活”。我如何定义“快乐”呢？那就是，自古以来第一次，人类在生活中能够不必害怕末日总在咫尺间。

致谢

如果我列出在写作此书的过程中无须感谢的人，而不是需要感谢的人，可能占的篇幅会少一些。不过，我很不喜欢单挑出个别人来，所以这个主意就此作罢。另一方面，因为我的朋友太多，所以只能简短地表示一下。我要走约定俗成的路子，因为在我的情况中，俗套的话恰好是真的。没有我的家人，就什么都没有，包括这本书。我那耐心无限的妻子布列塔尼、我的两个女儿艾弗里和利夫、我那超级有才的母亲、我的岳母、我的兄弟姐妹和他们的另一半，他们使我的生活有了意义。这不是陈词滥调，是真心话。

还有的人现已不在，但他们在很大程度上造就了我，[1]我这个沉迷历史的书呆子对他们不能不提。我有一位父亲，还有一位继父，谁有他们两个中的任何一个都算是非常走运。他们给了我极大的帮助，我非常怀念他们。我从未见过我爷爷，但我的外公是蝙蝠侠[2]。这证明后代可以和上一辈大不一样。我也非常想念他。在他的葬礼上，他的一个朋友在致悼词时提到了外公的妻子，也就是我的外婆，说她若不是因为我外公，可以当美国总统。可见我外婆多么出色（也更加证明后代不像前辈）。我也特别怀念她。

我从未正式确认过我的长期播客伙伴本（Ben）的存在，在这里我也不会确认，但即使他等于埃尔伍德·多德*的白兔哈维（Harvey），没有他（似乎）做的一切，这本书也写不成。谢谢啦，哥们儿。

和我这个极其难缠的人一同把庞杂无比的资料厘清几乎是不可能的任务，但我的合作伙伴伊丽莎白·斯泰因（Elizabeth Stein）做到了。我从来就喜欢看有才之人做事，她实在是做得太出色了。我感谢她为使本书写成而做的一切。若不是有她，我至少好几次要发疯。

我的文学经纪人安德鲁·斯图亚特（Andrew Stuart）其实是本书的起源。一件事要开始，总得有人说，"有没有想过写本书？"这本书就是这么开始的。安德鲁倒霉的是，他的工作并不到此为止，但他非常耐心，和伊丽莎白·斯泰因一样，把自己的本行做得非常好。

---

* Elwood Dowd，美国电影《我的朋友叫哈维》中的人物，他最好的朋友是一只看不见的 6 英尺高的大兔子哈维。

至为感谢我的两位编辑：我特别想和卢克·邓普西（Luke Dempsey）合作，于是跟着他进了哈珀-柯林斯出版社，由他确定了本书的基调；埃里克·纳尔逊（Eric Nelson）在书出版之前接手了这个项目，一本书即将出版时通常要做的繁重工作就落在了他的肩上。我要是更像我外公，可能会乐意多帮忙做一些。我对他们二人都心怀感激。

最后，我要感谢播客的热情听众。我总这样说，因为我从来都这样想。你们支持着我们、推动着我们、鼓励着我们、帮助我们写出了这本书。你们自从2005年以来就一直在这样做，我每一天都深知自己是多么幸运。没有你们，哪里有我们呢？

注 释

前 言

1. 这也是历史学家的工作。新闻报道和历史常常有着某种互联 / 共生的关系，新闻记者报道时事，后来的历史学家则发掘新闻报道，将其作为初级来源。新闻记者又经常利用历史学家的工作成果来讲述过去的故事，正如我们在本书中所做的。

2. 我是学新闻出身的。虽然真正专业的记者应该在报道战争和报道赛狗的时候投入同样的热情，但是我和我的大多数同事都做不到。每次出了大事，新闻节目收视率就会激增；由此看来，似乎新闻行业之外的许多人对“大事件”也深感兴趣。历史和新闻一样，有自己的大事件，有时，“见血就轰动”这句话对新闻和历史同样适用。

1　艰难时世会造就坚强的人吗？

1. 历史上，许多史学家或作家在撰述中都以史实为依据来实现传达或教授某种道德教诲的目的。
2. 特别是当扩大范围，用来描述不只是个人，而且是整个社会的时候。
3. 其实，除了“坚强”之外，还有很多字词在特定语境中能表达同样的意思。常见的例子是“善战”，但它界定的坚强是纯军事 / 暴力意义上的。坚强的概念还可以包括其他方面，例如感情上的坚忍和忍受贫困匮乏的能力，两者的结合也能构成“坚强”。
4. 这个标签由名记者汤姆·布罗考（Tom Brokaw）创造，来自他 1998 年出版的同名书。
5. 根据詹姆斯·加文（James M. Gavin）中将的回忆，巴顿在战时的一次讲话中对军官们说：“没有哪个蠢货是靠着为国而死打赢战争的。打赢战争要让对方的蠢货为他自己的国家而死。”
6. 关于使用核炸弹或遭受核轰炸的更多叙述，请看第 7 章和第 8 章。
7. 20 世纪 30 年代。
8. 杜兰特之后，人们对米底人的看法发生了重大变化。现在认为，他们比过去的历史学家描述的更加富强、更有组织，也更复杂先进。
9. 这样的评论可能更多地反映了 20 世纪中期的观点，而不是古米底人的真实状况。杜兰特撰著时正值大萧条期间，这一点是否能说明一定的问题呢？
10. 斯塔尔此书写于 50 多年前。许多现代历史著作说，斯巴达人把孩子放在露天风吹雨淋，任其死去，如果不死，就证明孩子足够强壮，可以活下去。关于历代社会对孩子看法的更多详情，请看第2章。

11. 确定这一时期的年代只能靠主观判断，但把公元前550年—前400年定为斯巴达的“鼎盛时期”应该可以。

12. 其他地方也存在这种情况。罗马共和国的高等阶级对商业和金钱鄙夷不屑。挣钱是商人和肮脏人的事。日本的武士阶层也是这样，商人在日本社会中地位最低。农民比商人地位高——至少人们吃的粮食是他们种的。

13. 如果把坚强性或“道德滑坡”的观点彻底排除在外，可以说，（由传统的斯巴达精英重装步兵长矛手组成的）斯巴达卫队人数的不断减少是更大的原因。

14. “最伟大的世代”的一位成员提出了这样一个扳倒苏联的办法：“我们应该向苏联人空投《花花公子》、牛仔裤和埃尔维斯·普雷斯利（Elvis Presley）的唱片，那样他们自己就会把自己解决掉。”

15. 关于疾病对社会影响的更多论述，请看第6章。

16. 在电影《新科学怪人》（*Young Frankenstein*）中，弗兰肯斯坦医生要给他创造的怪人安装大脑，派伊戈尔去取，要的就是德尔布吕克的大脑。可是，伊戈尔把大脑掉到了地上，随手抓了另一个标识为“不正常”的大脑。

17. 关于古日耳曼人的更多情况，请看第5章。

18. 这两个词在有些情况中的用法和（正如我们，显然还有德尔布吕克所定义的那样）坚强一词的意思相同。

19. 这给了“书呆子的复仇”这句话全新的含义，因为无人机驾驶员使用的这种超高级技术装备的设计者在上高中时大多不是运动健将，没当过美式足球的四分卫。

20. 今天，西方在战场作战的前线部队勇猛不逊于对手，正如罗马军团时代的罗马精英部队。然而，国内的支持者和民众可能就是另一回事了。

21. 如同美国卷入越南战争的晚期情况。

2 受苦的孩子

1. 德莫斯认为，育儿方法的确能影响一国的外交政策。

2. 迄今为止，心理历史学这门学科似乎未能引起高等学术机构的兴趣，批评者甚至称其为伪科学。

3. 批评德莫斯的人说，他没有介绍过去通用的育儿方法，而是写了一部虐待儿童的历史。他列举了过去的父母做的许多可怕的事情，但他们那样做是因为愚昧，而非出于恶意。对德莫斯的学术批评大多集中于他关于个人成长时受到的待遇对历史有广泛影响的论点。批评德莫斯的人正确地指出，他的结论经常是基于猜测，没有数据基础。但这里要为他说句话，对这样一个题目，怎么能够收集并分析数据呢？

4. 设想电影、音乐、电视等通俗文化产品从肯定和挑逗的角度展示对儿童的虐待和有儿童参加的性活动，等于用今天的现代媒体和营销能力来宣传古老社会的文化价值观体系。

5. 从 20 世纪 60 年代开始，对于殴打孩子（不是轻轻打一巴掌或拍一下屁股）的态度开始改变，而且速度很快。

6. 如今还偶尔有人提出，恢复过去的体罚制度对社会有好处。

7. 16 世纪中期的英国贵族妇女，“九日女王”。

8. 许多社会后来允许或鼓励青春期的女孩结婚，这使这个问题进一步复杂化。

9. 一般把古代界定为公元 5 世纪罗马灭亡之前的人类历史。

10. 例如，一些美洲原住民文化就认为，妇女和儿童参与折磨战俘没什么不合适。

11. 这方面的情况千差万别，许多传统社会属于另一个极端，母亲和孩子从早到晚不分开，几乎像连体婴儿一样。

12. 19 世纪末还是孩子的温斯顿·丘吉尔就是这样长大的。他有一个乳母，他叫她子宫，他获得的一切母爱都是乳母给的。

13. 今天的人大多认为，在家庭农庄长大的孩子给父母帮忙不仅没毛病，而且还能学到勤奋的价值观。那么，这样的劳动与 21 世纪的人眼中的虐待之间的界线在哪里呢？我们不想看到 10 岁的孩子在麦当劳收银，却称赞他们帮爸爸妈妈捡豆子。

3　他们所知世界的终结

1. 许多原住民表示，他们更喜欢自己传统的生活方式，而不是征服了他们的更“先进”社会的生活方式。这会不会是因为他们有偏向性呢？

2. 有人提出，要创造未来可持续的社会，可能需要重新审视我们今天心目中的经济进步。社会发展在一个方面的“衰落”是不是另一个方面进步的一部分呢？

3. 修道院和其他的教会机构就是例子，还有城市和主教区这类地方当局。一些地方的军阀或统治者也起到了这个作用。

4. 很难设想这方面的例子。比方说我们不是暂时，而是永远失去了互联网，或者人类不再能够实现太空飞行。

5. 我们可以把它看作科幻小说或反乌托邦故事的情节。我们甚至可以设想爆发核战争或发生气候灾难的可能性，希望能够避免这样的结果。但是，大多数人不会认真地以为这类事情真的会发生。我们本能地认为，文明崩溃仅是想象，不是实际发生在以前的人身上的事。

6. 有些持怀疑态度的希腊人会说，《伊利亚特》这样的故事基本属实，但被说故事的人夸大了。

7. 阿喀琉斯完全可以被称为古希腊版的超级英雄，毕竟他是神的儿子！

8. 在此要说明，历史各个时期中许多地方的人都发现了当地名胜古迹吸引游客的价值。信奉基督教的拜占庭人经常在圣地购买当地人“发现”的“文物”，带回家顶礼膜拜。

9. 古典时代的希腊人把《伊利亚特》所述故事发生的年代称为“英雄时代”或“神话时代”，类似J.R.R.托尔金书中的中土王国的“太阳时代第一纪”。

10. 一直认为迈锡尼人就是特洛伊战争故事中的希腊人。

11. 我们所知的对早期历史的时代划分大约是19世纪时确定的，当时的历史学家给过去的时代贴上标签，以便于研究。于是，人们开始使用“石器时代”“青铜时代”“铁器时代”这样的名词。在这些标签之下，又对每个时代加以细分，例如，石器时代又分为旧石器时代、中石器时代和新石器时代。青铜时代分为早期、中期和晚期。但是，这样的划分并不严整，不代表各地的变化都同步进行。青铜时代晚期与铁器时代早期相重叠，不同社会在“进步”的轨道上位置不同。（无须指出，历史时代的标准是由确定者规定的，而这会影响到对不同文化与社会的定级和评估。如果你决定一个社会必须有青铜才算先进，这是否意味着没有青铜的社会都是不先进的？）西亚处于铁器时代早期时，欧洲全体，或至少是大部分地区可能还只够得上青铜时代晚期的标准。越往前追溯，就越难确定具体时代的年代日期。关于青铜时代的一些日期一直争议不断。但是，这些具体时代都是人定的；生活在公元前1300年的人并不知道自己生活在青铜时代。这让人不禁猜想，不知将来的历史学家会给我们的时代贴个什么标签。
12. 赫梯帝国存在的时间与美国成为一个独立国家的时间大致相同。
13. 例如文化崩溃、革命性政治动乱、内战等。有些可以归类为上列首要原因可能产生的副作用。
14. 而且不连贯一致。有的研究者找到的证据显示城市遭到了广泛破坏，别的研究者却提出反证，表明在那个时期很多飞地城市存活了下来，甚至欣欣向荣。例如，塞浦路斯就可能在周边国家遭遇重创时繁荣了。

15. 例如，在赫梯帝国的首都哈图萨斯，皇家碉堡和重要的公共建筑显然被摧毁了，但私人住宅却毫发无损。这看上去更像是特意针对国家权力象征的暴力，而不是外国军队的烧杀抢掠。这是否表示当时发生的不是战争，而是国内政治动乱或革命呢？谜团愈加复杂了……
16. “海上民族”是现代用语。这些人的起源及下落不详。埃及人称呼他们各自的部落名字。
17. 一份叙述称他们为“来自各地的北方人”。从埃及的所在位置来看，大部分民族都算北方人。
18. 埃及统治者的年代较难确认，有些年代后来也做了调整。此外，一些历史学家使用法老的统治时间来定年代，其他的则使用统治者或历史人物的生卒年月。
19. 这段文字来自埃及法老拉美西斯三世的胜利铭文。
20. 青铜是铜与锡的合金。考古学家经常在商船上发现恰好符合炼制青铜所需比例的这两种金属。
21. 这里使用“铁”这个字有些奇怪，因为随着制造技术的改善，它其实成了某种等级的钢。以为装备了坚硬的铁制武器的军队会把使用较软的青铜武器的敌人打得落花流水，那是完全没有根据的。这个时代过后很久，青铜武器仍在被制造且价格不菲。毕竟，铁很容易生锈，而青铜擦亮后非常美观。
22. 历史学家罗伯特·杜鲁斯提出的另一个理论认为，也许海上民族使用新式武器和步兵战术打败了青铜时代国家战车作战的军事体系。
23. 现代之前，地中海一直存在海盗活动。青铜时代结束1000多年后，罗马的尤利乌斯·恺撒曾被海盗抓住索要赎金。几乎 3000 年后，美国总统托马斯·杰斐逊还不得不派遣海军去对付地中海的巴巴里海盗！

24. 更多详情请看第 5 章。

25. 埃及人用亚细亚人总括埃及东边和东北边的人。

26. 关于疾病的更多详情，请看第 6 章。

27. 埃及的记录中将此指称为一个原因。几个世纪的迁徙和移民改变了埃及社会，最终，埃及甚至有了利比亚裔的法老。

28. 不出意料，持不同理论的专家对这些证据提出了质疑。

29. 这些是专家们对于人口移徙是因为干旱少雨这一论点的研究结果。

30. 和测量地震的里氏震级一样，火山爆发指数每提高一级都代表着能量的巨大增加。

31. 最有可能帮助确定日期的数据包括日食这样的天文事件。如果可以把日食与当时的记录、叙述，或能够提供可靠数据点的事件联系起来，专家一般就能做出精确的逆定时，甚至可以追溯到古老的过去，以此来帮助确定其他事件发生的年代。

32. 被认为可能促成了青铜时代终结的还有发生在离东地中海较远的地方（如冰岛）的火山爆发，在时间上与那场大灾难更加接近。

33. 专家在桑托林岛沿岸不远处的水下发现了火山喷出的大量岩浆。

34. 这就涉及海浪的高度与陡度等因素。对远洋船只来说，有些海浪比别的海浪更难对付，近浪或浪面极陡的海浪就是这样的例子。

35. 有些人认为，青铜时代的克里特岛就是柏拉图讲的故事中亚特兰蒂斯的原型。

36. 如果特洛伊战争的神话有一点点真实性的话，青铜时代终结后过了几个世纪，特洛伊遭到洗劫时，迈锡尼人是洗劫的主力。《伊利亚特》里面的阿伽门农王就是迈锡尼国王。

37. 作为对比，第二次世界大战致死的人数是7000万~8500万。这个数字包括了在1939年德国进攻波兰几年前就已开始的中国抗日战争中的死亡人数。

38. “消灭”一词可能会造成误解。天花病毒的样本仍然存在，它被用来作为武器的可能性仍然是潜在的威胁。

39. 永远不能肯定年代是否准确，但假设这位法老的公认年代基本属实，他生活的年代就可能是一个过渡时期，他也许生于我们今天所谓的青铜时代晚期，死于该时代正式结束之后的某个时候。他显然得过天花这件事与我们的研究有关吗？他只是平常死于天花的人中的一个吗？还是说当时发生了更严重的天花疫情？赫梯人认为，他们的瘟疫就是从埃及人那里传过去的。

40. 有时可以根据记录的症状或通过检验出土的遗骸来确定造成古时瘟疫的疾病，但是，对于古时某一场疫情到底是什么疾病，专家只能靠猜。

41. 这种新的传染病由欧洲人直接传给他们最先接触到的部落后，又通过原住民自己传向大陆深处。

42. 埃博拉疫情的大规模暴发是最好的例子。埃博拉是传染病专家最大的梦魇，然而，即使在最坏的情况中，埃博拉也不会像古代或中世纪的大瘟疫那样，造成一大部分人口的死亡。

43. 饥荒和瘟疫相互联系，正如干旱和饥荒。因饥荒而变得羸弱的人更容易得病，流行病则会严重打乱农业社会的粮食生产，进而造成饥荒。

44. 在世界的这个地区。

45. 古老得令人难以置信。公元前1200年青铜时代结束的时候，几个亚述城市的历史已经远超千年。

46. 例如，亚述人拿走了赫梯人的一个重要铜矿。这就像今天征服并接管一个富藏石油的地区。

47. 显然，这就是有些国家冒险开战的原因。如果战胜国得不到任何好处，打仗岂不是毫无意义？

48. 美国和日本不在其列，可以说它们两国都因卷入第一次世界大战而获益。

49. 赫梯人也同米坦尼作过战，是米坦尼衰落的受益者。有时，赫梯和亚述各自利用争夺米坦尼王位的不同势力，几乎是在打代理人战争和冷战。但是，米坦尼是赫梯和亚述之间的缓冲地，这两个大国把它鲸吞后，彼此之间就只剩了一条边界线相隔。

50. 在这样的情况中，除宫廷精英之外，其他所有人都算奴工。

51. 人工智能或武器技术可能造成的最坏结果就是这方面的例子。我们是在给天启四骑士的队伍补充新成员吗？瘟疫、战争、饥荒、死亡之外是否要加上气候变化？或者技术失控？

52. 它随后产生的溢出效应影响到了维持苏联社会的互联体系的许多其他领域。

53. 比方说，如果美国分裂为许多民族国家，只看美国一地，当然算是一种“衰落”，但在全球层面上，却在知识和能力等方面影响不大。而在青铜时代完结时，世界上没有其他社会来收拾残局或继承衣钵。

54. 一说青铜时代文明崩溃的时间是公元前1177年左右。

55. 可能就是“远方帝国让我们挨饿，本地军阀给我们饭吃”这么简单。

4　尼尼微的审判

1. 当地人中很可能有亚述人的后裔。也可能留下来的亚述人通过口口相传的方法保留了对他们伟大历史的回忆，虽然当地的非亚述人已将其完全忘怀。也许色诺芬没有问对人。

2. 这也许不是历史事实，但它反映了亚述人心目中的现实。这类记录一直回溯到《希伯来圣经》里记载的神话中的“大洪水”时期。

3. 的确，根据《希伯来圣经》里对亚述人的描述，他们简直就是邪恶的化身。

4. “影子”指的是灵魂或鬼魂。亚述人惩罚敌人的祖先，以此来加大惩罚的力度。按照古代世界常见的做法，亚述人还抢夺敌方的神像，也将其作为俘虏带走。这赋予了“总体战”一词全新的含义。

5. 最后，达纳努的头颅被悬挂在尼尼微城墙外的一根杆子上以儆效尤。

6. 帝国利弊理论中，与军事征服、死亡和镇压相对的是稳定、组织以及通过征服和吞并来巩固帝国的优势。当然，认为这能够向前推动“进步”可能显示了文化上的偏向。

7. 亚述巴尼拔即位时，亚述刚刚把埃及收入帝国版图，堪称重大的征服成果。

8. 人们说，罗马帝国面临的最危险的军队是内战时期它自己的军队。亚述也是一样。

9. 那个时期被称为新亚述帝国，一般定年在公元前911年到前609年。

10. 这要看如何分类。其他国家的军队有作战委员会，更早的时候，埃及法老也有由军事顾问组成的相当于总参谋部的机构。

11. 这对今天的现代国家来说都十分不易。有多少民族国家能向遥远的外国投放5万大军并保障其给养供应呢？

12. 亚述军队的混合编队中，弓箭手先发箭削弱进攻的敌军，然后长矛手再投入战斗。有些敌人用游击战的方法打了就跑，经常把大规模冲锋部队搞得疲于奔命；混合编队也是打击这种敌人的有效方法。

13. 指人骑在马上。

14. 通常认为这是亚述巴尼拔的生卒年月。

15. 希腊人相信，恐慌之神佛伯斯（Phobos）在人类的战场上横冲直撞大逞威风。

16. 关于古代军队实际的作战情形有很多长期存在的问题。这些问题似乎应该有答案，其实却没有。组成密集队形的部队真的直接面对面相撞吗？马也是这样吗？还是说他们在最后一刻会本能地停下来？两军是冲入彼此的队伍打作一团，还是说双方之间隔着一片“无人地带”，彼此投掷东西，偶尔才真的动手？本来能够帮助澄清这些问题的古代记史家对许多重要细节却语焉不详。他们通常假设当时的读者都明白基本的情况，所以只记录非同寻常的事情。

17. 骑兵最先由欧亚大草原上的游牧民族发明，后来被定居社会采用。先有战车，然后才有骑在马上的骑兵。亚述人开始使用骑兵在大约公元前1000年到前900年；中国人在公元前400年到前300年开始在作战中使用骑兵。

18. 辛梅里安人和斯基泰人是大草原上第一批游牧民族，在文化上是蒙古人、突厥人和匈人的祖先。

19. 事实上，波斯帝国的阿契美尼德（Achaemenid）王朝以其相对容忍和宽大著称。其是从亚述人那里吸取了教训吗？还是说亚述人“驯服了近东，给它套上了帝国的轭具”，因此不必实行残暴统治？

20. 这是古时的说法。

21. 过去也有过这类反亚述的多国联盟，但都被亚述人粉碎了。

5 蛮族的生命轮回

1. 恺撒是个奇怪的混合体，既是征服者，又相当于“地理大发现时代”*或电影《星际迷航》中的探索者。他关于远征英伦群岛的书面记叙传遍整个地中海世界，是第一份确认的目击报告，证明在地中海世界之外存在着相当于今天的一颗新行星的新世界。恺撒向他的读者介绍的是一个新文明。想象一下，如果今天我们看到可

---

* 指15世纪到17世纪欧洲船队在海洋上寻找新的贸易路线和贸易伙伴的时代。

与之类比的东西会多么惊喜莫名。

2. 基本上就是今天的法国。

3. 这是一种观点。那些被迫罗马化的人却对“罗马文明”另有看法，说“罗马人造成一片荒芜，却称之为和平”。历史上，欧洲人也给欧洲以外多个大陆上的原住民带去了“文明的赐福”，其实是福祸交加。

4. 指西罗马帝国。罗马帝国（以现代土耳其为中心）的东部在帝国西半部分崩离析后继续维持了1000年。

5. 这个数字出处不明且有争议。

6. 然而，这并不意味着罗马无往不胜。拳击有个说法，叫“风格决定比赛”，意思是说有些风格必然能击败其他风格。打仗也是一样。不过，罗马军队在当时的确是具有压倒性力量的劲旅。

7. 罗马军队能在战斗中及时用新部队替换疲惫的部队。这种做法即使不是独一无二，也非常罕见，至少是因为它操作起来非常困难。即使是最善战、最有斗志的敌军也会被这种派遣预备队，如同体育比赛中使用“替补”的战法拖垮。

8. 鉴于罗马军队面对的敌人众多，这个兵员数字少得惊人。

9. 起码罗马军队比其他欧洲国家的军队规模都大。有的估计，查理曼的卡洛林王朝的军队人数众多，但除此之外，后罗马时期的大多数欧洲军队人数都少得可怜。公元1066年，诺曼人入侵撒克逊英格兰的大军还不足1.5万人（也许差很多）。而罗马人在1000年前入侵不列颠时，动用了2万军团战士，外加大约2万人的非正规部队。如果征服者威廉率领8000~1.2万名由中世纪早期士兵组成的部队在战场上遭遇可能装备更加精良的4万名古罗马战士，结果会如何呢？另外，威廉所能召集或雇用的军队可能也只有这么多，而罗马入侵不列颠时动用的军队只是它整个军队的一部分。在大的战略层面上，罗马军队会把征服者威廉的军队完全消灭。罗马帝国的7000万人口和巨大的财力与资源完全碾轧诺曼底公爵那小小的公国。在使用火药前的历史上，任何有组织的部落军队遇上罗马人都会陷入苦战。大多数都会被罗马人打败。

10. 还记得蒙古人的入侵吗？还有匈人？

11. “希腊人”的范围甚至更窄。马其顿人是希腊人吗？马其顿人喜欢自称希腊人，可自命不凡的雅典人也许不会同意。他们给马其顿国王、亚历山大大帝的父亲起的名号是“野蛮人腓力”。

12. 欧洲、非洲和亚洲。显然当时还不知道有美洲、南极洲和澳大利亚。

13. 征服的理由可以辩论，但罗马的确征服了别国。

14. 也常拼为Altai Mountains。

15. 姑且用“出现”这个词。他们不是被外星人从飞船上空降下来的，所以，由于缺乏信息，这是个历史难题。希望有一天技术能够解决这个问题，让我们知道这些有趣的民族到底是从哪里来的，在历史上和哪些其他民族有关系。

16. 许多这样的部落都有口述历史，说其来自斯堪的纳维亚；目前正在研究DNA证据。

17. 拉丁文是Germani。不可能确知它包括哪些族裔。也许有朝一日，DNA测试能把这团乱麻择清理顺，但出于多种原因，试图弄清楚

"日耳曼人"、"凯尔特人"、据说是混血的"贝尔格人"(Belgae)有什么不同是不可能的。罗马的作者本来在人种学研究上就比较马虎，而且作者对这些人做如此描述自有原因。有时可能就是为了写出好故事。

18. 不同民族和文化相交处，界线经常模糊不清，造成一种文化的交叉口。所以，当时有日耳曼-凯尔特人或色雷斯-日耳曼人的混合部落。

19. 当然，这个字与现代用语"条顿"(Teutonic)有联系。

20. 这些"日耳曼"部落的起源仍在辩论中，一个比较普遍的理论是其来自北海或波罗的海沿岸。

21. 不妨用当时罗马人和中国人的惯常观点来看"蛮族"部落，按其不文明程度来排列。对因与定居社会接触而野性减少的部落和完全野性未被驯的部落，中国人分别称为"熟番"和"生番"。根据罗马人的说法，辛布里人和条顿人不仅是"生"的，而且是活蹦乱跳的。*

22. 包括凯尔特人。其实，关于这些从北方来的人中有多少是日耳曼人(压倒性的意见是他们都是日耳曼人)，多少是凯尔特人，曾经有过辩论。有些理论认为，这两个民族发生了某种融合。

23. 不过这些数字谁也说不准。古代消息来源非常不可靠，即使是最好的专家对具体数字也不能达成一致。这里给的是通常认为的范围。

---

* "生""熟"的英文是"cooked""uncooked"，作者借此比喻，说辛布里人和条顿人活蹦乱跳，意思是说他们十分野蛮。

24.“凯尔特人”的身份和“日耳曼人”的身份一样，是有争议的。在本书中，“高卢”和“凯尔特”是同一个意思，可以互换使用。

25.尤利乌斯·恺撒2000多年之前的叙述描绘的实质上是最早的法–德冲突，这个冲突在之后的多少个世纪中反复重演。他写下这篇记叙有许多个人动机。虽然该记叙是重要而宝贵的史料，但许多内容的真实性值得怀疑。他也许为了自己的目的，人为地分出了各个不同民族。

26.恺撒强调必须将这些人拒于莱茵河以东，因而提出了“凯尔特”民族和“日耳曼”民族各自归属的观念。他也许是为了他自己的理由在创造人为的边界，但有意思的是，这些边界至今仍大致未变。

27.此言含有我们今天所说的种族主义、民族优越感和刻板印象的因素。偏见中可能杂有真相，但两者间的界线并不清楚。

28.把罗马计算距离的数字换算成现代度量衡也许没有那么确切，但这个死亡区仍然巨大，几乎是从苏格兰北部的因弗尼斯一直到英格兰南部海岸的布里斯托，或从华盛顿特区到印第安纳波利斯。

29.罗马军团蜿蜒好几英里的队伍行进在狭窄泥泞的森林小道的时候，事先埋伏好的部落武士发动了突袭。根据资料显示，当时大雨倾盆，罗马人的盾牌和弓全部湿透，队伍多处被切断，遭到包围，弓箭木石雨点般从天而降。罗马战士们只能看清自己身边周围，无法组成传统的作战队形进行战斗，他们的惊恐和孤立无援可想而知。他们深入敌后，进入了日耳曼部落的地盘，而日耳曼人又特别凶狠狂暴。经过连续数天的战斗，三个罗马军团被全歼。瓦卢斯和许多军官为了避免落入敌手而自杀。

30. 作战现场本身可能是20世纪发现的；迄今为止，考古发现似乎证实了塔西佗记载的一些内容。

31. 这是古代作家苏埃托尼乌斯（Suetonius）的记载。

32. 不作为罗马正规军训练，也不纳入罗马军队的标准操练和组织。

33. 比较传统的用语是“条约”。

34. 这听起来非常危险，但应当指出，绝大多数时间内，罗马军队中的日耳曼武士都忠实尽职。不过，这也意味着日耳曼敌军不再像过去那样“装备落后”。如果你是罗马将领，你是愿意带领一群1世纪的军团战士和蛮族军队作战，还是愿意指挥5世纪的蛮族部队去打蛮族敌军？

35. 专家们对它的重要性照旧意见不一。

36. 与罗马接壤的日耳曼部落由于同罗马直接通商和交往，比内地的部落富裕很多。这造成了不平衡，可能引得较穷的部落抢劫较富的部落，因而加剧了日耳曼内地的动荡。

37. 这个时期的罗马帝国有时有两位皇帝，一位在西边的罗马（或另一个西部首都），另一位在东边的君士坦丁堡。

38. 这方面的数字完全不确定，猜测很多。关于这两个扶老携幼的哥特人群体的数量，“10万多”似乎比较保险。不过各种估算都有，有比这个数字高的，也有低的。

39. 这是若干次“哥特战争”中的一次。

40. 罗马人经常使用不同部落人民的具体部落名称，而不用“哥特”这个笼统的词。

41. 就连这也不能肯定。

42. 阿德里安堡由哈德良皇帝建立，位于现代土耳其西北部接近希腊边界的城市埃迪尔内（Edirne）。

43. 主要是在数量上，而非质量上。战士一般依然骁勇善战，但部队规模小了许多，募兵不易。历史学家J.E. 伦登（J. E. Lendon）说，4世纪的罗马军队“规模小、花钱多、力量弱”。

44. 据说哥特人的人数大增，他们的新朋友中有匈人和阿兰人，都是强悍的骑兵。阿兰人是大草原上的游牧部落，似乎久而久之逐渐获得了一些日耳曼特征。

45. 这方面的大部分信息，包括引号里的那句话，都来自罗马历史学家阿米安努斯·马尔塞来努斯。

46. 彼得·希瑟认为那场战役的规模没有那么大，罗马一方的阵亡人数应该在1万左右。

47. 这使人不禁想到美国南方的奴隶，他们经常逃到西米诺尔（Seminole）和彻罗基（Cherokee）等原住民部落那里，成为部落成员。

48. 奥多亚塞（Odoacer）。

49.《星际迷航》的影迷熟悉这个词。用平常的词来解释就是“预备动力”或“紧急动力”的意思。

50. 谈到西罗马帝国灭亡后的时代，历史学家经常把首都设在君士坦丁堡（原来叫拜占庭）的东罗马帝国叫作拜占庭帝国。但是，那里的居民总是自称为“罗马人”。

51. 有时也称西方教会或拉丁教会。

52. 法语中的德国 Allemagne 则来自本书提到的阿勒曼尼部落的名字。

53. 历史书中有很多关于克洛维的有趣故事。他皈依基督教后，历史记载中关于他的好话多了起来，但克洛维显然是个坏蛋。

54. 显然主要是受了他妻子克洛蒂尔德（Clotilde）的影响，克洛蒂尔德因此被教会封为圣徒。

55. 这显然是他的名字的高卢 / 法语版本。德语是“Karl der Grosse”。他的母语是古德语。该用哪个名字的问题过去就曾引起过异议。即使在今天，仍有人觉得这个名字有政治含义。

56. 他比今人的平均身高稍高一点，但在7世纪，他在他的臣民中算得上鹤立鸡群。根据他的遗骨推测，他身高大约6英尺，体重175磅。这样他就比当时的一般人高6英寸。175磅的体重似乎显示他比较瘦，但查理曼去世时在当时算是老人，也许比他壮年时瘦弱了一点（通常认为他去世时年龄在65岁到72岁，但就具体年龄尚有争议）。

57. 意思是“罗马人的皇帝”。教皇利奥三世（Leo III）此举打开了潘多拉的盒子，产生的问题困扰欧洲达几世纪之久。其中一个问题是：教会和国家哪个更重要？既然是教皇为皇帝加的冕，这是否意味着皇帝是教皇任命的？这个象征性的故事里，谁的地位更高？很多人为这类问题搭上了性命。查理曼把自己的头衔改为：由上帝、罗马帝国伟大的爱好和平的统治者以及受上帝恩惠的法兰克人和伦巴第人加冕的最崇高的奥古斯都。

58. 按照西方教会的解释，新加冕的查理应该是唯一的“罗马皇帝”。此时，在君士坦丁堡掌权的是一位女皇，这在西方教会看来是不合法的femineum imperium（“女人统治”）。所以，西方教会赶快抓住时机，不仅为自己，而且为全体罗马人任命了唯一的新皇帝。

59. 许多历史学家认为，“自我定位”的一个目的是找到一种意识形态黏合剂，像过去的罗马一样，把帝国治下的各族人民团结在一起。

60. 通常翻译为罗马帝国的“恢复”“重兴”，或“更新”。

61. 罗杰·柯林斯说，查理曼的目标是让得到教育的“识字”阶层达到罗马时代的初级教育水平。柯林斯还说，我们在对此嗤之以鼻之前，应考虑“他们起步的基础”。查理曼主要是要求担任神职的人得到教育，而不是教育俗家人。

62. 它最终演变为中欧的“神圣罗马帝国”。伏尔泰有一句嘲讽它的名言：“这个过去和现在一直自称为神圣罗马帝国的东西既非神圣，亦非罗马，更非帝国。”

63. 他们是同样的人吗？这个问题问得好。

64. 很难在真正的宗教原因和强权政治之间做出区分。如果转信基督教的撒克逊人比信仰多神教的撒克逊人更加服从帝国，可能这就是“不皈依就杀头”的道理。

65. 条顿堡森林中的“世界树”，又名伊尔明苏尔（Irminsul），是拜神的地方。

6 瘟疫的前奏？

1. 这个年代只适用于医疗最先进的社会。在不够先进的地区，医疗进步来得更晚。

2. 这些还只是有记录的。古时这类事件大多没有留下对当时情况的记载。

3. 伯里克利有两个儿子也死于那场瘟疫，据说他伤心至极。谁不会伤心呢？

4. 他们应该是连续数月吃不到含有维生素 C 的新鲜水果或蔬菜。

5. 这是维生素缺乏症晚期皮下出血造成的。

6. 威廉·罗森写道，需要指出，现代的儿童常见病以前曾经是杀死了“数十万，甚至可能数百万人”的“危险得多的疾病”。

7. 宗教在这方面起到的作用非常宝贵。

8. 而当时的世界人口只有现在的一个零头。

9. 罗森说：“鼠疫病人 10 个人中‘只有’4~7 人会死，（而）败血症的致死率可以说是百分之百。”

10. 不要忘记，那个时代的人信教和（坦率地说）迷信的程度若是放到今天，大多数人，就连非常虔诚的人，都会认为达到了狂热的程度。

11. 不仅如此，很多人当教士可能就是为了找个工作。许多教士是抄写员，不是福音传教士或教区教士。用现代“神职”的标准来要求他们也许是不公平的。

12. 如果你刚好是新教徒，也许你觉得这是黑死病导致的一个好结果。

13. 作家亨里克·斯文森（Henrik Svensen）说，那段时期，犹太人由于被认为与瘟疫有关，在两三个欧洲国家中几乎被消灭殆尽。

14. 这是根据欧洲的 7.4 亿人口来计算的。

15. 黑死病之后，许多地方的人口都稳步增长。有意思的是，人口崩溃几乎可能和人口爆炸一样来得迅雷不及掩耳。如果每对夫妇只生一个孩子，一代人后，人口就会减少一半。这并非凭空揣测。20 世纪 90 年代，俄罗斯的人口增长率转为负数，其他发达国家目前的人口发展趋势也同样在下行。

16. 这个问题很快就会把你搞晕。疫苗是否打乱了大自然微妙的人口平衡机制？人类寿命的延长和儿童死亡率的下降是否破坏了地球？如果认为是的话，我们会自愿放弃接种疫苗，“顺其自然”吗？这真是科幻故事的题材。

17. 我们都在新闻上看到，就连已有的疾病也发展出了对现有抗生素的抗药性。

18. 这些死亡数字都是估算的，但通常认为第一次世界大战造成了 1600 万~1900 万人的死亡。西班牙流感致死的人数据估计有几千万。

19. 设想一下，这场传染病若是发生在今天 21 世纪的国际旅行环境中会怎么样。

20. 为了防止人群聚集造成疾病传播，戏剧演出、体育赛事、节日活动，甚至选举都被迫中断。

21. 观察民众、城市和社会对这场现代瘟疫的反应很有意思。它是一项难得的现代案例研究。

22. 失去青年人对社会的影响与失去年纪较大的人的影响有何不同，这是个有趣的问题。西班牙流感一个经常被提及的后果是与死者亡灵沟通的玄秘仪式大为流行。例如，流感过后那段时间，灵媒和降神会风行一时。从中可以感到一种绝望，不是想要联系因自然规律而寿终正寝的父母或祖父母，而是反映了悲伤的父母或配偶因子女或自己的另一半的早夭而痛不欲生的心情。

23. 这不就是在根据漫威的漫画拍摄的迪士尼电影《复仇者联盟》里面的坏蛋灭霸干的事吗？他不是要把宇宙的生命消灭一半来减轻人口过多的压力吗？可能灭霸这个角色比喻的就是疾病维持宇宙平衡的用途。

24. 今天人们也可以理解这种心态。一种病发病越少，就越不着急去注射疫苗。

25. 20 世纪 90 年代初苏联解体后，核武器专家担忧核武器保安松懈，生物武器专家则害怕苏联储存的生物武器和病菌落入恐怖分子或流氓国家手中。

26. 用于有益的用途，如制造疫苗、研究基因图谱等。

27. 迄今为止有过多起，包括在 2013 年和 2014 年发现的。

28. 包括发动细菌战的国家的本国国民。这样做真是太疯狂了。

29. 美国政府已经警告说有人可能会复制致命的疾病，指出在互联网上可以查到天花的基因组信息。

30. 艾滋病与天花或流感等传染病的不同之处在于它的潜伏期很长，与大多数传统传染病相比，病人存活的时间一般也比较长。社会因此有更多的时间来适应。如果艾滋病从开始到今天致死的所有患者是一两年内一下子死去的，社会就来不及适应。想象一下，如果据计死于艾滋病的 3500 万 ~4200 万人都是在几个月或一年之内死去的，那么社会将乱成什么样子。它目前造成的不稳定已经够大的了。

31. 不过，天花病毒并不适合用作武器来造成敌方伤亡，因为它很容易反噬己方，而且已经有了天花疫苗，或很容易就能制成疫苗。炭疽造成的直接危险似乎大得多。但是，如果意图是在社会中造成惊慌，让人们出于恐惧而自我伤害，那么天花是我们集体记忆中最可怕的病原体之一。“天花的问题是，对它的恐惧是没有道理的。”细菌学专家休·佩宁顿（Hugh Pennington）这样写道：“的确，它能置人于死地，但它之所以如此有效，是因为它能造成人们的恐慌。它不是大规模杀伤武器，而是大规模惊慌武器。”

7 生者和死者

1. 投掷在广岛的原子弹释放了相当于1.3万~1.8万吨TNT的能量。美国试验过的最大核弹大约是1500万吨当量（相当于1500万吨TNT炸药）。苏联试爆的5000万吨当量的核弹等于5000万吨TNT炸药。
2. 导弹普及之前，这样的炸弹要靠使用重型轰炸机向目标投掷。投掷特别大的核炸弹时，总是有一个担心，怕飞机投下炸弹后飞得不够远，无法逃脱爆炸产生的冲击波。如果炸弹威力够大，飞机又飞得不够快，投弹就成了自杀行动。
3. 战争是人的固有特性吗？就这个问题仍在研究、评估和辩论中。
4. 关于长期保持警惕的难处，哲学家伯特兰·罗素说：“你可以合理地期望一个人在钢丝上安全地走10分钟，但要他走200年不出事就不合理了。”
5. 武器仅仅是建立有效军队的一个因素。战术、训练、指导、后勤、战场队形和其他因素也是军事发展过程的一部分。所以，虽然公元前 8 世纪的亚述人和公元前 1 世纪的罗马人都用剑，但军事体系的许多其他因素有了发展，使得罗马军队远比圣经时代的亚述军队更强大、更危险。

6. 如前所述，人类历史大部分时间中，改变的步伐都比较缓慢，旧有制度经常长时间一直可行有效。

7. 例如，法国人在 1870 年—1871 年的普法战争中就学到了这个教训，特别是德国人更加有效地利用火车运兵集结部队这一点。

8. 物理学家阿瑟·霍利·康普顿说："我相信这样的说法，在这场战争（第二次世界大战）中，100 名物理学家等于英国的 100 万士兵。"

9. 而且这个警告也许是错误的。爱因斯坦告诉罗斯福的是可能发生的事情，并非百分之百肯定。哪怕是懂行的物理学家对这种事情做出决定都很困难。罗斯福不是物理学家，很可能也不懂这方面的科学。

10. 除了永不休止地增加武器威力是否明智这个哲学问题以外，还有机会成本的问题。花在探索制造原子弹上面的精力与金钱如果花在更有可能帮助打赢战争的方面是否更值得？

11. 据原子遗产基金会说，那次试爆的原子弹被昵称为"小玩意"。它和投掷在长崎的原子弹一样，用钚做燃料，是"内爆式"炸弹。

12. 有人指出，毒气弹在第二次世界大战中不像第一次世界大战中用得那么多，但那不是出于人道主义的原因。靠毒气弹打不赢战争，如果能打赢早就用了。关于在某些情况中使用毒气弹的问题，有过很多讨论。有几个第二次世界大战的交战国也被指控在战争的某个时候使用过化学武器。

13. 德国城市海德堡今天大受游客欢迎的一个原因是它的大部分城区当年没有被炸毁，所以，它是德国保留得最好的城镇之一，较好地显示了战前德国的建筑风格。

14. 这些伤亡数字与1945年8月原子弹造成的伤亡数字不相上下。

15. 那两颗原子弹一个叫“小男孩”，一个叫“胖子”。根据原子遗产基金会的材料，“小男孩”长10英尺，重约1万磅，用“高浓缩铀”做燃料。1945年8月6日它被投在广岛。“胖子”是用钚做燃料的内爆型炸弹，和“三位一体”试验中使用的炸弹一样；1945年8月9日它被投在了日本长崎市。“胖子”仅用了垒球大小、重13.5磅的钚，但它的效率据信是“‘小男孩’的10倍”。

16. 对于他使用原子弹的方式至今仍有质疑。一些物理学家，甚至军方人士，都觉得应该在对人使用原子弹之前，先在人口稀少或无人居住的地区（如在日本海岸线以外的水域）进行示威性引爆，向日本展示原子弹的威力。

17. 他们不是有意被当作实验品的。原子弹的发明者并不打算测试它对人类的作用。不过，他们当然研究了原子弹爆炸的效果。原子弹爆炸产生的数据虽然只是副产品，但包含了海量信息，用途多样，包括成为严厉的警告，使人看到万一爆发全球核冲突，人类将遭到何等可怕的打击。

18. 即使用的核武器更大更强，实际的经历感受大概相差不多。以弹着点为圆心的影响区会更大，死亡区会加宽，但下一次核爆炸幸存者的样子很可能与上一次的相差无几。

19. 尼克·博斯特罗姆在《全球灾难风险报告》中使用的“生存风险”

一词的定义就包括重建恢复战前水平的能力。“生存风险是可能消灭起源于地球的智慧生命，或永久性（与本来可能达到的水平相比）或大幅降低其生活质量的风险。”

20. 勒梅发誓他从来没说过这话。

21. 如果你只是随便翻阅，漏掉了第6章，一定要回去看一看，特别是如果你想更多地了解那些造成大批人口死亡的瘟疫的话。

22. 神话故事里的发明家代达罗斯和偷火的普罗米修斯都是把神才有的力量传给了普通人。

23. 即使能够找到胜任的人，以后谁来接替他们？我们谈的是一种需要持续管控的力量或威胁，直到它不再是威胁。那要等到什么时候？有可能在所有国家、任何时候都找得到胜任的人来管理这种武器吗？

24. 当然比敌方获得超级武器好得多。想象一下，如果苏联率先发明了原子弹，美国会如何反应。

25. 他也参与了原子弹的研发。

26. 爱因斯坦写下这段话的时间是1946年。那时，人们对新成立的联合国寄予厚望，希望它有朝一日能成为类似全球政府的机构。当时这个主意听起来不像今天这么匪夷所思。

27. 这个主张设想，世界各国及其人民会默许建立实际上的世界政府，使其成为超越国家政府/民族国家的主权。这本身就说明了挑战是多么巨大。如果把话说得更直白一些：人类要么同意组建一个全球国家，要么就被炸回石器时代，你赌哪一边？你对此问题的回答也许取决于你对人类的信心有多大。

28.1945 年到 1949 年，拥有这种武器的只有美国一家。美国领导人以为，美国会长久维持这种垄断（但实际情况远非如此），做出的规划也以这一假设为依据。

29. 他的想法很有道理。海军部长詹姆斯 · 福里斯特尔（James Forrestal）在日记中记下了杜鲁门谈到原子弹时说的话，说他不想让“某个干劲十足的中校来决定什么时候投掷原子弹”。

30. 要记住，既然此时只有一个国家拥有核武器，那么如果这个国家决定消除它们，只需销毁手中的核武器，不再生产新的就可以了。今天消除核武器就困难多了。当然，即使美国当年销毁了核武器，也挡不住其他国家或实体发展核武器。

31. 世界核协会说，（以北欧雷神托尔 Thor 命名的）钍的蕴藏量比铀多。它的辐射性不强，人可以把它拿在手里而不会受伤，但它能“繁殖”，也就是说，它受到辐射后能吸收中子，嬗变为可裂变的铀 233（即可以产生核裂变）。根据能源与环境研究所的介绍，“裂变材料由可以被中子分裂的原子组成，这样的分裂形成自我维持的连锁反应，其间释放出巨大的能量”。“在核武器中，裂变能量一下子全部释放，产生剧烈爆炸。”

32. 许多历史学家认为，它之所以是“冷”战而没有发展为热战，正是因为有了原子（和后来的热核）武器。人们经常问这样一个假设性的问题：如果没有发明原子武器，第二次世界大战的战胜国之间会不会发生第三次世界大战？

33. 第二次世界大战中，红军人数的峰值是 1100 多万。1945 年复员工作完成后，人数缩减至近 300 万。美军在战时有近 600 万官兵，

1947 年减到差一点儿不到 100 万。复员完成后，美军驻德国的部队只有约 10 万人。

34. 有时被忽视的关键一点是，双方军队都有很多制度化的作战经验。哪怕部队没有经验，是所谓的“新兵”（美国在朝鲜战争爆发时使用的就是新兵），军官和上层指挥官也都在不久前有过作战经验。红军在冷战早期如此危险的部分原因是它受经验丰富的将领指挥，有众多身经百战的军官。西方军队也是一样。

35. 曼哈顿工程的军方领导人莱斯利·格罗夫斯将军认为，苏联再过 20 年才能获得原子弹。

36. 如果汉尼拔经历了两次世界大战，目击了凡尔登战役、斯大林格勒围城战、轰炸德累斯顿或广岛和长崎被原子弹轰炸之后的景象，这个时候再把核按钮交给他，问：“你还想用原子弹轰炸罗马吗？”他会怎么做？人类要“提高修养”，也许必须经历成长的痛苦。

37. 这似乎是爱因斯坦的全球政府的概念，不过是通过老式方法，靠征服而不是合作来形成的。这是为了防止原子战争爆发而建立的现代版罗马和平（Pax Romana）吗？

38. 威廉·庞德斯通在《囚徒的困境》中叙述说，在那之后不久，罗素在议会上院又作了一篇演讲，讲述他想象中的噩梦式场景，那个场景如此可怕，甚至能促使一个坚定的和平主义者转变为预防性核打击的鼓吹者：“我走在街上，看着圣保罗大教堂、大英博物馆、议会大厦和我们文明的其他纪念碑，脑海中浮现的却是这些建筑物沦为瓦砾堆、周围尸体横陈的噩梦式场景。”

39. 例如，气候变化会给人类造成大麻烦。不过，它的发生是缓慢的，是将来的事情。核战争的破坏却是刹那间的，而且明天就可能发生。

40. 民族国家能集体患上创伤后应激障碍吗？如果能的话，那么珍珠港事件后的美国也许就有一点这个病征。巴巴罗萨行动给苏联造成的症状严重得多。1941 年 6 月德国发动的突然袭击及其后果造成的创伤是巨大的，促成了苏联后来在国际关系中对别国的不信任态度。

41. 杜鲁门主义承诺，美国将援助其他国家来“抵抗武装少数或外部压力对其奴役的企图”，实质上就是尽力遏制共产主义向非共产主义国家的扩张。

42. 原名为“欧洲复苏计划”的马歇尔计划（它以提出计划的美国国务卿乔治·马歇尔命名）是美国一项耗资 120 亿美元的计划，旨在帮助重建被战争毁坏的西欧。

43. 第二次世界大战期间，美国的陆军和海军各自都拥有空中资产。给德国和日本造成巨大破坏的美国轰炸机在编制上属于美国陆军航空部队（US Army Air Forces，缩写 USAAF）。

44. 这使人想到弗里德里希·尼采的一句话：“与恶魔战斗的人应当小心自己不要因此而成为恶魔。”

45. 就连和平主义者伯特兰·罗素也说，先发制人是避免第三次世界大战的唯一办法。不过公平地说，罗素后来改变了主张。

46. 例如，1948 年 2 月，捷克斯洛伐克政府被一场政变推翻，使该国成为共产主义阵营的一部分，它是东欧最后一个加入苏联阵营的独立国家。此外，被推翻政府的外交部长被发现死在他位于外交部大楼内的公寓外面。当时官方的说法是自杀。直到2003年，一位名叫伊日·施特劳斯（Jiri Straus）的法证专家才说，有确凿的证据证明人们长期以来的怀疑没有错，他的确是被人从窗口推下去的。

47. 例如1946年在伊朗。

48. 这个战略其实早在人类穴居的时代就有了。它最原始的形式就是一方为了得到自己想要的东西，不惜将事态升级到最高程度。如果发出此种威胁的一方拥有更强大的武器，这个办法就行之有效。在理论上，这种战略因为有了核武器而非常管用，直到它的效用被抵消。

49. 加来道雄（Michio Kaku）和丹尼尔·阿克索尔罗德（Daniel Axelrod）在《打赢核战争》（*To Win a Nuclear War*）一书中是这样说的。

50. 被杀死的甚至不一定是敌方的平民。战场很可能是（比如说）美国要保卫的人民所居住的土地。一位法国总理说过："你们下次再来的时候，解放的可能就只是尸体了。"这更增加了下决心的难度。

51. 威慑这一战略概念比核武器出现得早。其实，它以这样那样的形式可能几乎和人类一样古老。它的基本意思是通过某种威胁来防止或制止其他人采取有害的行动。

52. 如果冷战双方1949年拥有1969年的技术和武器，事态将如何发展？紧张会达到何种程度？这些问题光是想一想就令人不寒而栗。也许我们到现在仍在重建我们被毁的社会。

53. 当然可以说，美国事实上统治了世界，也的确利用了原子武器来达此目的。但是，这与罗马帝国对核武器的用途相差很远。

54. 他曾说："你可以合理地期望一个人在钢丝上安全地走10分钟；要

他走200年不出事就不合理了。”

55. 这一垄断只持续了不到5年。如果它维持了50年，美国能够一直这样克制吗？

56. 这是主张立即开打的理由。从初次试爆核装置到建起核武器储备并安装好运载系统，需要经过一段时间。所以有人主张，应当赶在苏联人能够使用他们新获得的核能力造成大破坏之前发动攻击。

57. 在青铜时代的大多数社会中，如果有公共舆论，其重要性也比在现代世界小得多。

58. 常常难以确知奥本海默的意见。他对核武器的态度通常倾向于和平主义，但在不同的时候，出于不同的原因，他也会转向另一种观点。无论如何，杜鲁门和几位助手都认为奥本海默“诗人气质太重”，对最需要冷静以对的地缘政治问题无法做出明智的判断。

59. 像爱德华·泰勒（Edward Teller）这样的科学家已经在试图证明能够成功。

60. 核问题专家约瑟夫·奇林乔内说，氢弹等于把一个太阳带到地球上。这种炸弹的威力是没有上限的。

61. 有一些不怎么恰当的类比。一个常被援引的例子是日本决定尽量减少枪械对战争和社会制度的影响。

62. 我们不禁猜想，如果一个社会像古雅典人在他们的民主时代所做的那样，干什么都要投票，这样的社会将如何把控核武器的力量？如果人民可以投票决定，使用核武器的可能性会增加还是会减少？两者皆有可能。

63. 奥本海默在说明为什么不需要氢弹的时候，指出原子弹的毁灭能力已经使双方能够摧毁彼此的城市。也许一座城市用一颗氢弹就能摧毁，用原子弹却要用4颗，但这样的区别有意义吗？即使有，能大于潜在的负面效果吗？

64. 一些美国早期领导人用这个短语来表达美国对永久性联盟这类事物的传统外交态度。

65. 前面提到的1947年通过的《国家安全法》就属于这一类。

66. NSC-68号文件的正式名称是“美国国家安全的目标和计划”（United States Objectives and Programs for National Security）。

67. 主张严格预算的杜鲁门对此不以为然，但支持增加常规军费的一条理由是，如果常规武器不足，就更有可能发生核战争。如果有足够的常规武器来保卫自己，也许就不需要动用大规模杀伤性武器。如果常规武器不够，则几乎肯定要动用核武器。

68. 联合国安理会的正常做法是由一个常任理事国否决任何授权使用武力的决议。但是，苏联当时在杯葛安理会，所以没法投否决票。“联合国”因此而唯一一次使用了武力。

69. 美国宪法将宣战的权力赋予了国会，而将作为三军总司令指挥作战的权力交给了总统。这就避免了把将国家带入战争的权力集中在一人手中。理论上，美国不应该不经国会宣战就打仗。不过，警察行动在宪法中没有规定，属于灰色区域。美国自从第二次世界大战以后就没有宣过战。它也许永远不会再宣战。

70. 可能情况要复杂得多，因为最近出版的一些资料表明，麦克阿瑟也许在和杜鲁门对着干，杜鲁门通过秘密拦截的电文才知道了他的行动。无论如何他都是以下犯上。

71. 这是苏联《真理报》的报道。

72. 这不单是由于道德。这些武器会造成严重的辐射污染，就连非交战国的健康和安全都会受到损害。

73. 不是“取代”更大的核武器，而是作为“补充”。

74. 这种武器叫作“戴维·克罗克特”（Davy Crockett）。共生产了两千枚。

75. 也叫战场核武器。

76. 正式算起来，这是“第二次红色恐慌”，第一次发生在1919年，持续时间较短。

77. 当然，发动核战争没有这么简单，还需要有发射密码和其他程序。但是，导弹与轰炸机不同，一旦发射便无法将其召回或命令其暂停行动。导弹会比飞机更快抵达目标，因而缩短了潜在的反应时间。

78. 这个运动的部分助力来自大得超乎意料的“喝彩堡垒”热核武器试爆造成的辐射灾难。新兴国家作为一个集体，在世界舞台上的力量开始加大，对超级大国之间的核对峙发出了自己的声音。1955年发表罗素-爱因斯坦宣言时，伯特兰·罗素对宣言的介绍开宗明义第一句话铿锵有力：“我把签署人发出的警告（指宣言）提交给世界所有强国的政府，真诚地希望政府能够同意让它们的公民活下去。”

79. 从逻辑的角度来看，这个主意无论能否产生好的或有用的建议，都是好主意。可以将其视为社会在努力使用自己最出类拔萃的聪明才智来适应武器带来的力量。

80. 对这种评语总是有人提出异议。

81. 庞德斯通写道："计算机和（原子）炸弹都是冯·诺依曼的业余活动。"

82. 古希腊语和今天雅典人使用的语言不同。

83. 博弈论的标准定义是"面对关键的不确定性，采取数学上精确的方法来决定合理的战略"。

84. 1955年，美国政府委托制订了一份作战计划，看一看如果第三次世界大战爆发，美国对苏联发动打击的话，会死多少人。估计的数字是6000万，与第二次世界大战全部的死亡人数大致相同，是遭到纳粹大屠杀的犹太人人数的10倍。

85. 旨在推动和平应用核技术的一项计划/政策。

86. 这就是过去和现在都有人对人类驾驭毁灭性日增的武器技术的能力感到悲观的原因。爱因斯坦或奥本海默赞成让"人民"决定谁有资格行使这种如同神力的毁灭能力吗？

87. 一个小细节没有得到足够的重视：自从艾森豪威尔以后，美国人再没有选过秃头的人当总统。就连艾森豪威尔的当选可能也是由于一个异常因素，因为艾森豪威尔两次总统竞选中的民主党对手都是阿德莱·史蒂文森（Adlai Stevenson），他的头发比艾森豪威尔还少。

88. 这并不是说他不是更好的选择。但是，1960年的总统选举中，双方的得票率差别之小是创纪录的，约翰·肯尼迪无与伦比的魅力一定是帮他获胜的一个因素。他不需要多大的魅力就能压过对手。

89. 公平地说，他的对手理查德·尼克松也只有46岁。8年后，尼克松登上了总统宝座，1974年因水门事件丑闻辞职。一次，他在炫耀他作为总统的巨大权力时对新闻记者说："我可以回到办公室，拿起电话，25分钟之后，7000万人的命就没了。"

90. 之前实行了非正式的核试验暂停。这段时期进行的核试验提供了有用的数据，但它们也有向对方发出信号的目的。

91. 这个数字来自作家多诺万·韦伯斯特（Donovan Webster）。迄今为止，全球共进行了2000多次核试爆。

92. 甚至可以说是"鲁莽"的，后来对赫鲁晓夫的一项批判就是他的赌徒心理太重。

93. 到了20世纪70年代和80年代，双方都获得了把核武器发射到全球任何地方的能力。60年代早期则不同，当时苏联的能力有限，在古巴部署导弹能使美国更加暴露在核打击的威胁之下。这是这件事之所以重要的部分原因。

94. 这些"执行委员会"会议的录音带是最惊人的初始史料。它们录下了险些爆发的世界级核决战中一方领导层的考虑和决策过程。如今它们已经在网上对公众开放。录音会议的题目令人毛骨悚然，讨论过程却和任何办公会议的对话一样沉闷、单调；这个组合简直太怪异了。即使压力再大，也没有一个人大吼大叫。录音听起来如同普通的董事会会议。但是，听一听他们说的话，你就会意识到，他们讨论的冲突在一个下午就能造成相当于整个"二战"的死亡人数。

95. 这还只是美国一方的死亡。按照美国的作战计划，只对苏联首都莫斯科一地就将使用100多个核弹头。艾森豪威尔总统曾说，决不能打核战争，因为没有足够的推土机来清除街上的尸体。

96. 有些人认为，肯尼迪从“猪湾事件”中吸取了教训，学会了对军事顾问的强硬意见并不全盘接受。

97. 苏联军方也是一样。

98. 许多文职顾问也同意军方人士的意见。肯尼迪是力排众议。[据历史学家谢尔顿·斯特恩（Sheldon M. Stern）所述]肯尼迪对助理戴维·鲍尔斯（David Powers）说：“有一点对这些高官十分有利。如果听他们的，照他们说的做了，不会有任何一个人能活下来告诉他们说他们错了。”

99. 据说著名歌手鲍勃·迪伦当时正在写歌，他一刻不停地写，因为他想在万一爆发核战争自己丧命之前把那首歌写完。

100. 举例来说，当世界在核灾难的边缘摇摇欲坠的时候，两个超级大国居然没有直接沟通的好办法；这种事情现在听起来简直是发疯。美苏两国经常是通过媒体广播来间接沟通。古巴导弹危机后，建立了著名的“热线”电话制度，以便一旦情况不妙，双方可以直接通话。

101. 想象一下如果是今天的媒体会怎么样？光是图像就吓死人！

8　通往地狱之路

1. 那时双方都拥有了大量核武器和现代导弹运载系统。

2. 历史的一个怪异之处是，很可能就连艾希曼这样的人也希望自己的行动能导致“更好的结果”。当然，他关于更好结果的概念是邪恶变态的。

3. 现代和平奖即以他的名字命名。

4. 请注意，未来的某个时候，那时的人可能会自问今天我们一大批人的生命是否在价值上等于他们中间一个人的生命。

5. 需要界定“现代”开始的时间。让我们将它定在1890年之后。第一批讨论这类问题的国际会议就是在那时召开的。

6. 只需看一看第二次世界大战开始时全世界对轰炸城市表示的惊骇和战争尾声时几乎见怪不怪的态度。

7. 此言基本属实，虽然发生过小型的孤立事件。

8. 可以说等于给暴行洗白。

9. “有限战”是总体战的反面。

10. 例如肾上腺素。

11. 杜鲁门是罗斯福的第三位副总统。只能说并非每一场会议都邀请他参加。

12. 如果把齐柏林飞艇也算上的话，时间要更长一些，但如果说的是飞机，莱特（Wright）兄弟在北卡罗来纳州小鹰镇的第一次飞行是在1903年。

13. 他是俄国的末代沙皇，1917年俄国革命爆发时下台，1918年和家人一起被处决。

14. 1914年，只是一架螺旋桨飞机投下一两颗丁点大的炸弹就受到美国总统的严厉谴责。仅仅26年后，纳粹德国空军就发动了闪电战，夜以继日地轰炸伦敦。30年后，德国和日本的城市就被空袭炸成平地。短短的时间内跨越了如此深广的道德鸿沟，全是拜两次世界大战所赐。

15. 当然，事实证明他们错了。

16. 原理也未发展完全。不过，要想琢磨出如何有效使用飞机，首先得要有飞机才行。

17. 按照那时的标准。

18. 许多人觉得它其实没有那么好。

19. 他是第一次世界大战的王牌飞行员曼弗雷德·冯·里希特霍芬[Manfred von Richthofen，又名“红男爵”（the Red Baron）]的表亲。

20. 1940年法国陷落后，德国空军和英国王家空军之间开始的空战。

21. 有人说德国飞机不小心投弹击中了伦敦。英国人接着轰炸了柏林以示报复。

22. 后来英国人也开始这样做，美国人也一样。

23. 当然，并非所有人都这样认为。德国人的态度不出意料地与英国人明显不同。

24. 对遭受轰炸的国家来说则是条件不利的时候。

25. 德国空军成立之初，曾考虑过采取强调战略轰炸的理念，但战争爆发后，重点转向了战术空袭。战术空袭更注重战场作战，而不是对城市的轰炸。德国用斯图卡（Stuka）俯冲轰炸机攻击坦克就是战术轰炸的例子。

26. 这种情况不久前再次发生，例如，对伊拉克的轰炸就破坏了古巴比伦和亚述的古迹。

27. 同盟国的政策是先解决德国，所以将攻击第三帝国作为作战优先。到1945年初，德国岌岌可危，比尚未遭到入侵的日本差得多，不止一个敌对国家的军队进入了德国领土作战，德国的每一个大城市都已被夷为废墟。

后 记

1. 例如，经济学家罗宾·汉森（Robin Hanson）就是这样认为的。他也参与了牛津大学人类未来研究所的有趣工作。

致 谢

1. 注意，他们也是因为我成了这个样子而应责备的人，全看你取什么视角。
2. 等于是吧。他是个烟不离口、喜欢喝酒、满头鬈发的蝙蝠侠。

进一步阅读书目

1　艰难时世会造就坚强的人吗？

Delbrück, Hans. *Warfare in Antiquity*. Vol. 1 of *History of the Art of War*. Translated by Walter J. Renfroe Jr. Omaha: University of Nebraska Press, 1990.

Diamond, Jared. *Collapse: How Societies Choose to Fall or Succeed*. New York: Viking, 2005.

Durant, Will. *The Story of Civilization*. 11 vols. New York: Simon & Schuster, 1935–1975.

Gavin, James M. *War and Peace in the Space Age*. New York: Harper, 1958.

Gibbon, Edward. *The History of the Decline and Fall of the Roman Empire*. 6 vols. 1766–1788. Reprint ed. New York: Everyman's Library, 2010.

Herodotus. *The Histories*. Translated by Aubrey De Selincourt. New

York: Penguin Classics, 2003.
Hoover, Herbert. *The Great Depression, 1929–1941*. Vol. 3 of *The Memoirs of Herbert Hoover*. New York: Macmillan, 1952.
Starr, Chester G. *A History of the Ancient World*. New York: Oxford University Press, 1965.
Steinbeck, John. "The Dubious Battle in California." *The Nation*, September 12, 1936.
——. *The Grapes of Wrath*. New York: Viking, 1939.
——. "The Harvest Gypsies." 7 pts. *San Francisco News*, October 5–12, 1936.
Xenophon. *Anabasis: The March Up Country*. Translated by H. G. Dakyns. Independently published, 2017.
——. *Cryopaedia: The Education of Cyrus*. Translated by H. G. Dakyns. CreateSpace, 2012.

Also: *Young Frankenstein*, directed by Mel Brooks, story and screenplay by Mel Brooks and Gene Wilder, Twentieth Century Fox, 1974.

2 受苦的孩子

Delbrück, Hans. *History of the Art of War*. 4 vols. Translated by Walter J. Renfroe Jr. Omaha: University of Nebraska Press, 1975–1990.
deMause, Lloyd. *The Emotional Life of Nations*. New York: Other Press, 2002.
——, ed. *The History of Childhood*. New York: Psychohistory Press, 1974.
Shahar, Shulamith. *Childhood in the Middle Ages*. London: Routledge, 1990.

3 他们所知世界的终结

Arnold, John H. *History: A Very Short Introduction*. New York: Oxford University Press, 2000.

Drews, Robert. *The Coming of the Greeks: Indo-European Conquests in the Aegean and the Near East*. Reissue ed. Princeton, NJ: Princeton University Press, 1994.

——. *The End of the Bronze Age: Changes in Warfare and the Catastrophe ca. 1200 BC*. 3rd ed. Princeton, NJ: Princeton University Press, 1993.

Fischer, Peter M., and Teresa Bürge, eds. *"Sea Peoples" Up-to-Date: New Research on Transformations in the Eastern Mediterranean in the 13th–11th Centuries BCE*. Vienna: Austrian Academy of Sciences Press, 2014.

Givas, Nick, "Rubio Leads Bipartisan Backlash After De Blasio Quotes Castro Ally Che Guevara," Fox News, June 27, 2019. https://www.foxnews.com/politics/de-blasio-apologizes-for-che-guevara-quote-seiu.

Homer. *The Iliad*. Translated by Caroline Alexander. New York: Ecco, 2015.

Homer. *The Odyssey*. Translated by Emily Wilson. New York: W. W. Norton, 2018.

Knapp, Bernard A., and Sturt W. Manning. "Crisis in Context: The End of the Late Bronze Age in the Eastern Mediterranean." *American Journal of Archaeology* 120, no. 1 (January 2016): 99–149.

Liverani, Mario. *The Ancient Near East: History, Society and Economy*. New York: Routledge, 2014.

Pickworth, Diana. "Excavations at Nineveh: The Halzi Gate" in *Iraq*, Vol. 67, No. 1, Nineveh. Papers of the 49th Rencontre Assyriologique

Internationale, Part Two (Spring, 2005), pp. 295-316. British Institute for the Study of Iraq, https://www.jstor.org/stable/4200584.

Plato. *Timaeus and Critias*. Translated by Robin Waterfield. Oxford, UK: Oxford World's Classics, 2009.

Robbins, Manuel. *Collapse of the Bronze Age: The Story of Greece, Troy, Israel, Egypt, and the Peoples of the Sea*. Bloomington, IN: iUniverse, 2001.

Shaw, Garry J. *War & Trade With the Pharaohs: An Archaeological Study of Ancient Egypt's Foreign Relations*. Barnsley, UK: Pen and Sword Archaeology, 2017.

Starr, Chester G. *A History of the Ancient World*. New York: Oxford University Press, 1965.

Tainter, Joseph. *Collapse of Complex Societies*. Cambridge University Press, 2007.

Van De Mieroop, Marc. *A History of the Ancient Near East ca. 3000–323 BC*. 2nd ed. Blackwell Publishing, 2006.

Wiener, Malcolm H. "Causes of Complex Systems Collapse at the End of the Bronze Age," in *"Sea Peoples" Up-to-Date: New Research on Transformations in the Eastern Mediterranean in the 13th–11th Centuries BCE*, edited by Peter M. Fischer and Teresa Bürge. Vienna: Austrian Academy of Sciences Press, 2014.

Also: *Planet of the Apes*, directed by Franklin J. Schaffner, story by Pierre Boulle, screenplay by Rod Serling and Michael Wilson, Twentieth Century Fox, 1968.

4 尼尼微的审判

Durant, Will. *Our Oriental Heritage*. Vol. 1 of *The Story of Civilization*. New York: Simon & Schuster, 1935.

Farrokh, Kaveh. *Shadows in the Desert: Ancient Persia at War.* Oxford, UK: Osprey Publishing, 2007.

Ferrill, Arther. *The Origins of War: From the Stone Age to Alexander the Great.* Rev. ed. New York: Routledge, 2018.

Frahm, Eckart. *A Companion to Assyria* (Blackwell Companions to the Ancient World). Hoboken, NY: Wiley-Blackwell, 2017.

Gavaghan, Paul F. *The Cutting Edge: Military History of Antiquity and Early Feudal Times.* New York: Peter Lang, 1990.

Healy, Mark. *The Ancient Assyrian.* Oxford, UK: Osprey Publishing, 1992.

Olmstead, A. T. *History of Assyria.* New York: Charles Scribner's Sons, 1923.

Roux, Georges. *Ancient Iraq.* 3rd ed. London: Penguin, 1993.

Saggs, H. W. F. *Everyday Life in Babylonia and Assyria.* New York: Putnam, 1967.

Xenophon. *The Persian Expedition.* Translated by Rex Warner. New York: Penguin Classics, 1950.

5 蛮族的生命轮回

Barbero, Alessandro. *Charlemagne: Father of a Continent.* Translated by Allan Cameron. Berkeley: University of California Press, 2004.

Collins, Roger. *Early Medieval Europe, 300–1000.* 3rd ed. New York: Palgrave Macmillan, 2010.

Delbrück, Hans. *The Barbarian Invasions.* Vol. 2 of *History of the Art of War.* Translated by Walter J. Renfroe Jr. Rev. ed. Omaha: University of Nebraska Press, 1990.

Dennis, George T., trans. *Maurice's Strategikon: Handbook of Byzantine Military Strategy.* Philadelphia: University of Pennsylvania Press, 2001.

Durant, Will. *The Age of Faith: A History of Medieval Civilization—Christian, Islamic, and Judaic—from Constantine to Dante, AD 325–1300*. Vol. 4 of *The Story of Civilization*. New York: Simon & Schuster, 1950.

———. *Caesar and Christ*. Vol. 3 of *The Story of Civilization*. New York: Simon & Schuster, 1944.

Einhard. *The Life of Charlemagne*. Ann Arbor: University of Michigan Press, 1960.

Fell, Christine E., and David M. Wilson, eds. *Northern World: The History and Heritage of Northern Europe*. New York: Harry N. Abrams, 1987.

Ferrill, Arther. *Fall of the Roman Empire: The Military Explanation*. London: Thames & Hudson, 1986.

Gibbon, Edward. *The History of the Decline and Fall of the Roman Empire*. 6 vols. 1766–1788. Reprint ed. New York: Everyman's Library, 2010.

Gregory of Tours. *The History of the Franks*. Translated by Lewis Thorpe. London: Penguin, 1974.

Heather, Peter. *The Fall of the Roman Empire: A New History of Rome and the Barbarians*. New York: Oxford University Press, 2006.

James, Edward. *The Franks*. Oxford, UK: Basil Blackwell, 1988.

Lendon, J. E. *Empire of Honour: The Art of Government in the Roman World*. Oxford, UK: Oxford University Press, 1997.

Riche, Pierre. *Daily Life in the World of Charlemagne*. Translated by Jo Ann McNamara. Philadelphia: University of Pennsylvania Press, 1978.

Suetonius. *The Twelve Caesars*. New York: Penguin Classics, 2007.

Tacitus. *Agricola and Germania*. New York: Penguin Classics, 2010.

Ward-Perkins, Bryan. *The Fall of Rome and the End of Civilization*. Oxford, UK: Oxford University Press, 2005.

Wells, Peter S. *Barbarians to Angels: The Dark Ages Reconsidered.* New York: W. W. Norton, 2009.

Wickham, Chris. *The Inheritance of Rome: Illuminating the Dark Ages, 400–1000.* New York: Viking, 2009.

Williams, Hywel. *Emperor of the West: Charlemagne and the Carolingian Empire.* Reprint ed. London: Quercus, 2011.

6 瘟疫的前奏?

Barry, John M. *The Great Influenza: The Story of the Deadliest Pandemic in History.* New York: Viking Penguin, 2004.

Bostrom, Nick, and Milan M. Ćirković, eds. *Global Catastrophic Risks.* New York: Oxford University Press, 2008.

Docherty, Campbell, and Caroline Foulkes. "Toxic Shock." *Birmingham Post* (UK), October 4, 2003.

Durant, Will. *The Age of Faith: A History of Medieval Civilization—Christian, Islamic, and Judaic—from Constantine to Dante, AD 325–1300.* Vol. 4 of *The Story of Civilization.* New York: Simon & Schuster, 1950.

Kolata, Gina. *Flu: The Story of the Great Influenza Pandemic of 1918 and the Search for the Virus That Caused It.* New York: Farrar, Straus and Giroux, 1999.

Littman, Robert J. "The Plague of Athens: Epidemiology and Paleopathology." *Mount Sinai Journal of Medicine* 76, no. 5 (October 2009): 456–67.

McCullough, David. "There Isn't Any Such Thing as the Past." Interview with Roger Mudd in *American Heritage Presents Great Minds of History* 50, no. 1 (February/March 1999).

McNeill, William H. *Plagues and Peoples.* New York: Doubleday, 1977.

Orent, Wendy. *Plague: The Mysterious Past and Terrifying Future of the*

World's Most Dangerous Disease. New York: Free Press, 2004.
Rosen, William. *Justinian's Flea: The First Great Plague and the End of the Roman Empire.* New York: Viking Penguin, 2007.
Sebelius, Kathleen. "Why We Still Need Smallpox." *New York Times*, April 25, 2011.
Svensen, Henrik. *The End is Nigh: A History of Natural Disasters.* London: Reaktion Books, 2011.
Thucydides. *The Landmark Thucydides: A Comprehensive Guide to the Peloponnesian War.* Touchstone ed. New York: Free Press, 1998.
Tuchman, Barbara. *A Distant Mirror: The Calamitous 14th Century.* New York: Alfred A. Knopf, 1978.

7 生者和死者

For more information about the atomic bombs dropped on Japan at the end of the Second World War, see the Atomic Heritage Foundation website: https://www.atomicheritage.org/history/little-boy-and-fat-man.

Baruch, Bernard. Speech before the first session of the United Nations Atomic Energy Commission, Hunter College, New York, June 14, 1946.
Blight, James G., and Janet M. Lang. *The Armageddon Letters.* Lanham, MD: Rowman & Littlefield, 2012.
Bobbitt, Philip. *The Shield of Achilles: War, Peace, and the Course of History.* New York: Alfred A. Knopf, 2002.
Bostrom, Nick, and Milan M. Ćirković, eds. *Global Catastrophic Risks.* New York: Oxford University Press, 2008.
Bradley, John. *World War III: Strategies, Tactics and Weapons.* New York: Crescent, 1982.
Brands, H. W. *What America Owes the World: The Struggle for the Soul of Foreign Policy.* Cambridge, UK: Cambridge University Press,

1998.

Cameron, Rob. "Police Close Case on 1948 Death of Jan Masaryk—Murder, Not Suicide." Radio Praha Broadcast Archive, June 1, 2004. https://www.radio.cz/en/section/curraffrs/police-close-case-on-1948-death-of-jan-masaryk-murder-not-suicide.

Cirincione, Joseph. *Bomb Scare: The History & Future of Nuclear Weapons.* New York: Columbia University Press, 2007.

Codevilla, Angelo, and Paul Seasbury. *War: Ends and Means.* 2nd ed. Washington, DC: Potomac Books, 2006.

Compton, Arthur Holly. *Atomic Quest: A Personal Narrative.* 1956.

Crane, Conrad C. *American Airpower Strategy in World War II: Bombs, Cities, Civilians, and Oil.* Lawrence: University of Kansas Press, 2016.

Dallek, Robert. *An Unfinished Life: John F. Kennedy, 1917–1963.* New York: Little, Brown, 2003.

Dobbs, Michael. *One Minute to Midnight: Kennedy, Khrushchev, and Castro on the Brink of Nuclear War.* New York: Alfred A. Knopf, 2008.

Donovan, Hedley. *Roosevelt to Reagan: A Reporter's Encounters with Nine Presidents.* New York: HarperCollins, 1985.

Dunnigan, James F. *How to Make War: A Comprehensive Guide to Modern Warfare in the 21st Century.* 4th ed. New York: Harper Perennial, 2003.

Durant, Will, and Ariel Durant. *The Lessons of History.* New York: Simon & Schuster, 1968.

Dyer, Gwynne. *War: The Lethal Custom.* Reading, UK: Periscope, 2017.

Eden, Lynn. *Whole World on Fire: Organizations, Knowledge and Nuclear Weapons Devastation.* Ithaca, NY: Cornell University Press, 2003.

Einstein, Albert. Letter to President Franklin Delano Roosevelt, August 2, 1939. Available via the Atomic Heritage Foundation, https://

www.atomicheritage.org/key-documents/einstein-szilard-letter.
"Fissile Material Basics." Institute for Energy and Environmental Research, 2019. https://ieer.org/resource/factsheets/fissile-material-basics/.

Forrestal, James. *The Forrestal Diaries*. Edited by Walter Millis. New York: Viking, 1951.

Fursenko, Aleksandr, and Timothy Naftali. *One Hell of a Gamble: Khrushchev, Castro, and Kennedy, 1958–1964: The Secret History of the Cuban Missile Crisis*. New York: W. W. Norton, 1997.

Gaddis, John Lewis. *The Cold War: A New History*. New York: Penguin Press, 2005.

——. *We Now Know: Rethinking Cold War History*. Oxford, UK: Oxford University Press, 1997.

Gavin, Francis J. *Nuclear Statecraft: History and Strategy in America's Atomic Age*. Reprint ed. Ithaca, NY: Cornell University Press, 2012.

Gray, Colin S. *War, Peace and Victory: Strategy and Statecraft for the Next Century*. New York: Simon & Schuster, 1990.

Greene, Jack C., and Daniel J. Strom, compilers. *Would the Insects Inherit the Earth? and Other Subjects of Concern to Those Who Worry About Nuclear War*. Oxford UK: Pergamon Profession, 1988.

Hachiya, Michihiko. *Hiroshima Diary: The Journal of a Japanese Physician, August 6–September 30, 1945 (Fifty Years Later)*. Translated by Warner Wells. 2nd ed. Chapel Hill: University of North Carolina Press, 2011.

Holloway, David. *Stalin and the Bomb: The Soviet Union and Atomic Energy, 1939–1956*. New Haven, CT: Yale University Press, 1994.

Howard, Michael. *The Invention of Peace: Reflections on War and International Order*. New Haven, CT: Yale University Press, 2000.

Kahn, Herman. *On Thermonuclear War*. Princeton, NJ: Princeton University Press, 1960.

Kaku, Michio, and Daniel Axelrod. *To Win a Nuclear War: The Penta-*

gon's Secret War Plans. Boston: South End Press, 1999.
Kaplan, Fred. *The Wizards of Armageddon*. Stanford, CA: Stanford University Press, 1983.
Kennedy, Paul, ed. *Grad Strategies in War and Peace*. New Haven, CT: Yale University Press, 1991.
Kennett, Lee B. *A History of Strategic Bombing: From the First Hot-Air Balloons to Hiroshima and Nagasaki*. New York: Scribner, 1982.
Khrushchev, Nikita Sergeevich. *Khrushchev Remembers*. Translated by Strobe Talbott. Boston: Little, Brown, 1970.
Kozak, Warren. *LeMay: The Life and Wars of General Curtis LeMay*. New York: Regnery, 2009.
Lilienthal, David E. *The Atomic Energy Years, 1945–1950*. Vol. 2 of *The Journals of David E. Lilienthal*. New York: Harper & Row, 1964.
Martel, William, and Paul L. Savage. *Strategic Nuclear War: What the Superpowers Target and Why*. Santa Barbara, CA: Praeger, 1986.
McNamara, Robert S., with Brian VanDeMark. *In Retrospect: The Tragedy and Lessons of Vietnam*. New York: Times Books, 1995.
Poundstone, William. *Prisoner's Dilemma: John von Neumann, Game Theory, and the Puzzle of the Bomb*. New York: Doubleday, 1992.
Schlosser, Eric. *Command and Control: Nuclear Weapons, the Damascus Accident, and the Illusion of Safety*. New York: Penguin Press, 2013.
Sekimori, Gaynor, trans. *Hibakusha: Survivors of Hiroshima and Nagasaki*. Tokyo: Kosei, 1989.
Sherry, Michael S. *In the Shadow of War: The United States Since the 1930s*. 2nd ed. New Haven, CT: Yale University Press, 1997.
Shiotsuki, Masao. *Doctor at Nagasaki: My First Assignment Was Mercy Killing*. Tokyo: Kosei, 1989.
Southard, Susan. *Nagasaki: Life After Nuclear War*. New York: Viking Penguin, 2015.

Stern, Sheldon. *Averting 'The Final Failure': John F. Kennedy and the Secret Cuban Missile Crisis Meetings*. Stanford, CA: Stanford University Press, 2003.

——. *The Cuban Missile Crisis in American Memory: Myths Versus Reality*. Stanford, CA: Stanford University Press, 2012.

——. *The Week the World Stood Still: Inside the Secret Cuban Missile Crisis*. Stanford, CA: Stanford University Press, 2005.

Thomas, Evan. *Ike's Bluff: President Eisenhower's Secret Battle to Save the World*. New York: Little, Brown, 2012.

US Congress. *The Effects of Nuclear Weapons*. Washington, DC: US Congress Office of Technology Assessment, 1959.

Van Creveld, Martin. *Technology and War: From 2000 BC to the Present*. New York: Free Press, 1991.

Webster, Donovan. *Aftermath: The Remnants of War: From Landmines to Chemical Warfare—the Devastating Effects of Modern Combat*. New York: Pantheon, 1996.

Whitfield, Stephen J. *The Culture of the Cold War*. 2nd ed. Baltimore: Johns Hopkins University Press, 1996.

Wills, Garry. *Bomb Power: The Modern Presidency and the National Security State*. New York: Penguin Press, 2010.

Zaloga, Steven J. *The Kremlin's Nuclear Sword: The Rise and Fall of Russia's Strategic Nuclear Forces, 1945–2000*. Washington, DC: Smithsonian Books, 2002.

Zubok, Vladislav, and Constantine Pleshakov. *Inside the Kremlin's Cold War: From Stalin to Krushchev*. Cambridge, MA: Harvard University Press, 1996.

8 通往地狱之路

Biddle, Tami Davis. "Air Power and the Law of War," in *Laws of War*, edited by Michael Howard, George Andreopoulos, and Mark Shulman. New Haven, CT: Yale University Press, 1994.

Carey, John, ed. *Eyewitness to History*. Reprint ed. New York: William Morrow Paperbacks, 1997.

Cowley, Robert, ed. *Experience of War: An Anthology of Articles from MHQ: The Quarterly Journal of Military History*. New York: W. W. Norton, 1992.

Crane, Conrad C. *American Airpower Strategy in World War II: Bombs, Cities, Civilians, and Oil*. Lawrence: University of Kansas Press, 2016.

Deighton, Len. *Blood, Tears, and Folly: An Objective Look at World War II*. New York: HarperCollins, 1993.

Douhet, Giulio. *The Command of the Air*. Translated by Dino Ferrari. Center for Air Force History. Originally published in 1921 under the auspices of the Ministry of War. Reprint ed. CreateSpace, 2015.

Dyer, Gwynne. *War: The New Edition*. Toronto: Vintage Canada, 2005.

Dyson, Freeman. *The Fire: The Bombing of Germany, 1940–1945*. New York: Columbia University Press, 2008.

Edoin, Hoito. *The Night Tokyo Burned: The Incendiary Campaign against Japan, March–August, 1945*. New York: St. Martin's, 1989.

Ferguson, Niall. *The War of the World: Twentieth-Century Conflict and the Descent of the West*. New York: Penguin Press, 2006.

Friedrich, Jörg. *The Fire: The Bombing of Germany, 1940–1945*. Translated by Allison Brown. New York: Columbia University Press, 2006.

Giangreco, D. M. *Hell to Pay: Operation DOWNFALL and the Invasion of Japan, 1945–1947*. Annapolis, MD: Naval Institute Press, 2017.

Grossman, Dave. *On Killing: The Psychological Cost of Learning to Kill in War and Society.* Reprint ed. New York: Back Bay Books, 2009.

Hopper, Bruce. TK .

Howard, Michael, George Andreopoulos, and Mark R. Shulman, eds. *The Laws of War: Constraints on Warfare in the Western World.* New ed. New Haven, CT: Yale University Press, 1997.

Kennett, Lee B. *A History of Strategic Bombing: From the First Hot-Air Balloons to Hiroshima and Nagasaki.* New York: Scribner, 1982.

Knell, Hermann. *To Destroy a City: Strategic Bombing and Its Human Consequences in World War II.* New York: Da Capo, 2003.

Martin, Douglas. "Thomas Ferebee Dies at 81; Dropped First Atomic Bomb." *New York Times*, March 18, 2000.

MHQ: The Quarterly Journal of Military History 2, no. 4 (Summer 1990).

Obit. Directed by Vanessa Gould. 2016. (Documentary about the *New York Times* obituary section.)

Salmaggi, Cesare, and Alfredo Pallavisini. *2,194 Days of War: An Illustrated Chronology of the Second World War.* New York: Barnes and Noble, 1993.

Truman, Harry S. TK: diary.

Wells, H. G. *The War in the Air.* Originally serialized in *The Pall Mall Magazine*, 1908. Reprint ed. CreateSpace, 2013.

Ziegler, Philip. *London at War, 1939–1945.* New York: Knopf, 1995.